Marion Conrady und
Fumiko Hosokawa

Einstiegskurs Japanisch

Herausgegeben von
Hedwig Nosbers und Matthias Öhler

Buch mit Audios online

Hueber Verlag

Die Audio-Dateien finden Sie in der *Hueber Media*-App
sowie unter: www.hueber.de/audioservice

Der Verlag weist ausdrücklich darauf hin, dass im Text enthaltene externe Links vom Verlag nur bis zum Zeitpunkt der Buchveröffentlichung eingesehen werden konnten. Auf spätere Veränderungen hat der Verlag keinerlei Einfluss. Eine Haftung des Verlags ist daher ausgeschlossen.

4. 3. 2. | Die letzten Ziffern bezeichnen
2029 28 27 26 25 | Zahl und Jahr des Druckes.
Alle Drucke dieser Auflage können, da unverändert, nebeneinander benutzt werden.
1. Auflage

Ersetzt die ISBN 978-3-19-005347-6
Umschlaggestaltung: Sieveking Agentur, München
Redaktion: Dr. Hedwig Nosbers und Matthias Öhler, Bonn;
Jürgen Frank, Hueber Verlag, München
Layout: Cihan Kursuner, Hueber Verlag, München
Satz: Marc Martin DTP, Bonn, www.martin-dtp.de
GPSR-Kontakt: Hueber Verlag GmbH & Co. KG, Baubergerstraße 30, 80992 München,
kundenservice@hueber.de
Druck und Bindung: Friedrich Pustet GmbH & Co. KG, Gutenbergstraße 8, 93051 Regensburg,
technik@pustet.de
Printed in Germany
ISBN 978–3–19–025347–0

Art. 530_30440_001_02

Inhalt

Ein Wort zuvor

Sushi, Samurai und Sony – wenn wir an das „Land der aufgehenden Sonne“ denken, mangelt es nicht an Klischees. Stereotypen, die dennoch taugen als Symbole für das Nebeneinander von Hightech und Tradition. Es ist ohne Zweifel hilfreich, die Gepflogenheiten in Japan genauer zu kennen. Sonst kann es passieren, dass Geschäfte nicht in Gang kommen oder dass Missverständnisse zwischen Freunden entstehen und die japanische zurückhaltende Höflichkeit falsch gedeutet wird. Wer mit „echten“ Japanerinnen und Japanern ins Gespräch kommen möchte, sollte etwas Japanisch können, denn Fremdsprachenkenntnisse sind nicht gerade ihre Stärke. Wer die Spielregeln erst einmal durchschaut, merkt schnell, dass Japan gar kein so fremdes Land ist.
Wenn Sie die Lektionen durcharbeiten, sich die kleinen Geschichten von Hanna Blume, einer jungen Journalistin auf Japanreise, zu Gemüte führen und die Texte über den Alltag in *Hokkaidō, Honshū, Shikoku* und *Kyūshū* lesen, dann können Sie auch nicht mehr viel falsch machen im Umgang mit den Menschen in *Nihon*. In den 40 Dialogen dieses Buches zeigt Ihnen Hanna Blume, wie man mit knapp 400 Wörtern viel erfahren, selbst sagen und vor allem den Menschen näher kommen kann. Und wenn Sie schließlich noch ein paar Schriftzeichen beherrschen, werden Sie in Japan auf echte Begeisterung stoßen.

Marion Conrady und Fumiko Hosokawa

G Gebrauchsanweisung

Konzipiert wurde dieser Kurs als Selbstlernkurs. Aber auch als Lehrwerk im Klassenzimmer kann *Einstiegskurs Japanisch* zum Einsatz kommen. Wer allein arbeitet, findet all die Hinweise und Kommentare, mit denen Lehrer und Lehrerinnen normalerweise ihren Unterricht gestalten würden, in der farblich abgesetzten Randspalte – von Erläuterungen zu den einzelnen Übungen über grammatische Regeln bis hin zu griffigen Eselsbrücken.

Kanji: chinesische Schriftzeichen; etwa 3.000 muss man gelernt haben, um eine Zeitung zu verstehen. Sie werden unterschiedlich gelesen, je nachdem, ob sie allein oder kombiniert stehen. Wenn Sie wollen, können Sie mit diesem Buch 40 wichtige *Kanji*-Zeichen lernen. Auch das Schreiben ist gar nicht so schwer, Sie brauchen nur auf die Reihenfolge der Linien zu achten:

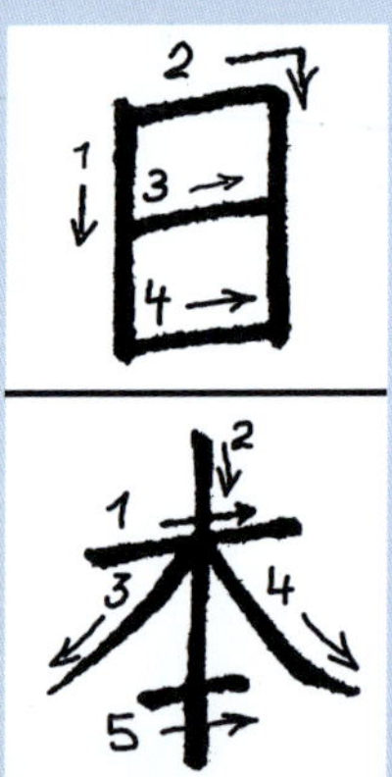

Sie finden in diesem Buch 20 Lektionen. Jeweils vier sind zu einem Kapitel zusammengefasst. Kapitel 1 dreht sich ums Kennenlernen, Vorstellen und Grüßen. Kapitel 2 behandelt die größeren und kleineren Katastrophen des Alltags. Es folgen dann die Themen Einkaufen, Verabreden, Zurechtfinden und schließlich Reisen. Um die nützlichen Dinge des Alltags geht es ganz am Ende, bevor Hanna Abschied von Japan nimmt. Alle Lektionen sind gleich aufgebaut. Sie finden sich also immer sofort zurecht:

- Der Einführungstext: auf der ersten Seite jeder Lektion beschreibt ein deutscher Einführungstext, was Hanna Blume in Japan erlebt und worum es in den beiden Dialogen der Lektion gehen wird.
- Wörter und Dialog: auf der zweiten Seite wird's ernst. Zuerst werden alle neuen Vokabeln der Reihe nach vorgestellt, dann folgt der Dialog: ein kurzes Gespräch zwischen Hanna und einem der vielen Menschen, die ihr auf der Reise begegnen. Dies alles finden Sie auch in den Audios, die als kostenloser MP3-Download unter www.hueber.de/audioservice erhältlich sind oder als kostenlose App für Smartphone und Tablet abgerufen werden können. Hören Sie es sich am besten gleich ein paar Mal an. Nur Mut, sprechen Sie halblaut mit, so prägt sich alles besser ein.
- Übungen: auf der dritten Seite finden Sie Übungen aller Art: Wortschatz, Verständnis, grammatische Kniffeleien, Lückentexte und Kommunikation. Einige dieser Übungen funktionieren mit den Sprachaufnahmen, schulen also vor allem Ihr Hörverständnis und Ihre Sprechwerkzeuge. Wenn Sie bei der einen oder anderen Übung nicht weiter wissen, dürfen Sie im Schlüssel im Anhang nachschauen. Ansonsten gilt: nur wer nichts macht, macht auch keine Fehler.
- Der zweite Teil der Lektion bringt weitere neue Wörter und Dialog B. Nachdem Sie die erste Hälfte der Lektion hinter sich haben, wiederholt sich das Ganze.
- Weitere Übungen helfen dabei, das Neugelernte einzuschleifen. Am Ende der Übungen lernen Sie die japanische Schrift kennen. *Kanji* heißen die Schriftzeichen, die Sie hier üben können. Wenn Sie mit offenen Augen durch Japan gehen, wird Ihnen das eine oder andere Zeichen sicher begegnen und Ihnen ein wenig das Gefühl nehmen, ein hoffnungsloser Analphabet zu sein.
- Der Lesetext am Ende jeder Lektion ist die Belohnung für fleißiges Lernen. Hier finden Sie Informationen über das Leben in Japan. Je mehr Sie von Geschichte und Kultur verstehen, um so leichter fällt es Ihnen auch, mit der Sprache vertraut zu werden.

Was Sie sonst noch erwartet

- Nach jeder Lerneinheit (also nach den Lektionen 4, 8, 12, 16 und 20) kommt ein kleiner Test, den Sie hoffentlich mit Bravour meistern. Die Lösungen finden Sie mit Hilfe des Schlüssels im Anhang.
- Mit Hilfe des Schlüssels können Sie kontrollieren, ob Sie die Übungen und die Tests richtig gelöst haben.
- Ein kurzer Grammatiküberblick fasst zusammen, was Sie gelernt haben und auch beherrschen sollten: Tätigkeitswörter, Zeiten, Anhängsel, Zahlen ...
- Die Wörterliste A–Z beinhaltet alle japanischen Wörter, die in diesem Buch auftauchen. Wenn Sie alle Dialoge durchgearbeitet haben, entspricht diese Liste Ihrem aktiven und passiven Wortschatz.

Die Sprachaufnahmen

Die Sprachaufnahmen schulen Ihr Hörverständnis und sensibilisieren Ihr Ohr für die richtige Aussprache. Zwar gibt es regionale Unterschiede in der japanischen Aussprache, aber keine Sorge: mit den von den Sprechern gesprochenen Standards wird man Sie überall verstehen. Für das Hören der Sprachaufnahmen schlagen wir vor:

- Erstes Anhören bei geöffnetem Buch. Auf die Aussprache achten: Wie hängen Schriftbild und Aussprache zusammen? Versuchen Sie, sich die Bedeutung einzuprägen. Zur Not ein paar Mal reinhören. Nach jedem Wort lassen wir eine kleine Pause, die Ihnen Zeit zum Nachsprechen gibt. Keine übertriebene Zurückhaltung: Gewöhnen Sie sich schon frühzeitig an Ihre Stimme in der Fremdsprache.
- Der Dialog A sollte, nachdem Sie die Wörter geübt haben, keine großen Schwierigkeiten mehr bereiten. Alle neuen Wörter lernen Sie jetzt im Kontext kennen. Achten Sie auf die Satzmelodie und Intonation. Ein bisschen Übertreibung schadet dabei nicht.
- Mindestens eine Übung pro Lektion findet sich auch in den Sprachaufnahmen. Legen Sie das Buch mal aus der Hand, verlassen Sie sich auf Ihr Gehör. Ein kurzer Gong sagt Ihnen, wann Sie mit Sprechen an der Reihe sind. Die Lösung folgt dann im Anschluss.
- Für den zweiten Teil der Lektion (Dialog B und nachfolgende Übungen) gilt das oben Gesagte entsprechend.

Viel Erfolg! Oder wie's auf Japanisch heißt: *Ganbat.te kudasai!*

Alle Vokabellisten, Dialoge und Übungen, die Sie sich anhören können, sind mit diesem Piktogramm versehen:

▶ 1/1

Die erste Ziffer steht für Teil 1 (Lektionen 1-10) bzw. Teil 2 (Lektionen 11-20) des Sprachkurses, die zweite für die Tracknummer, unter der der entsprechende Hörtext zu finden ist.

1

Ankunft

Hanna Blume
ist doppelt gemoppelt: das japanische Wort *hana* heißt „Blume".

Okazaki Tetsu
Für Japaner gilt: erst Familien-, dann Vorname! Für Ausländer gilt das nicht. Bekannte und Studienkollegen sprechen sich gegenseitig mit dem Nachnamen an. Beim Vornamen nennt man nur gute Freunde oder Familienmitglieder.

Lange und kurze *Os* und *Us*
Die „¯" auf *Tōkyō* sind Längungszeichen und müssen beachtet werden, denn es gibt Wörter, die sich allein durch die Länge der *Us* und *Os* unterscheiden, z. B.:
jōhō: Information
johō: Zugeständnis
jūyō: Bedeutung
juyō: Bedarf

Hanna Blume, Journalistin und Japanologin, sitzt im Flugzeug neben Ōkazaki Tetsu: *hajimemashite, dōzo yoroshiku* (nett, Sie kennen zu lernen). Der junge Japaner hat wie Hanna an der *Jōchi Daigaku* (Sophia-Universität) studiert und arbeitet als Journalist für die *Yomiuri-shinbun* (Yomiuri-Zeitung). Beide haben während des elfstündigen Fluges von Frankfurt nach Tōkyō jede Menge Gesprächsstoff – die gleiche Arbeit verbindet. Kurz vor der Landung in *Narita*, dem internationalen Flughafen von Tōkyō, haben sie ihre Telefonnummern ausgetauscht. Hanna möchte Tetsu unbedingt in seiner Redaktion treffen – Kontakte sind wichtig, besonders in Japan.
Hanna hat ein Jahr in Tōkyō gelebt und freut sich darauf, alte Freunde zu treffen und endlich wieder gut japanisch zu essen. Sie ist auch gespannt darauf, was nach *Tamagochi* und *Purikura* wohl gerade angesagt sein mag.
Wohnen wird sie bei Freunden aus ihrer Studienzeit, bei Yamamoto Takuya und seiner Frau Miyuki, Hannas beste Freundin aus dem Studium. Sicher haben sie sich viel zu erzählen, und außerdem hat Hanna noch einige Interviews und Reisen geplant. Drei spannende Wochen liegen vor ihr.
Doch erst mal folgt sie als Nicht-Japanerin dem Schild „Immigration" und erledigt die Einreiseformalitäten. Dann tritt sie heraus in die Menschenmenge und sieht auch gleich Takuya: *Hisashiburi. desu.ne* (Es ist lange her, nicht wahr?) *Genki.desu.ka?* (Geht es dir gut?) Und von Tetsu nimmt sie Abschied ... vorerst.

Hajimemashite

1A

▶ 1/2

Konnichiwa!	Guten Tag!
watashi	ich
namae	Name
Nan.desu.ka?	Wie ist … ?
dōzo	bitte
hajimemashite, dōzo yoroshiku	nett, Sie kennen zu lernen
kochira koso	ganz meinerseits
Amerika	Amerika
Amerika.jin	Amerikaner/Amerikanerin
īe	nein
Doitsu	Deutschland
Doitsu.jin	Deutscher/Deutsche

■	Konnichiwa!	Guten Tag!
●	Konnichiwa!	Guten Tag!
■	Watashi.wa Ōkazaki Testu.desu. O.namae.wa nan.desu.ka?	Ich bin Ōkazaki Tetsu. Wie ist Ihr ehrenwerter Name?
●	Watashi.wa Hanna Burume.desu.	Ich bin Hanna Blume.
■	Hajimemashite, dōzo yoroshiku.	Nett, Sie kennen zu lernen.
●	Kochira koso.	Ganz meinerseits.
■	Amerika.jin.desu.ka?	Sind Sie Amerikanerin?
●	Īe, Doitsu.jin.desu.	Nein, ich bin Deutsche.

Anhängsel
Vergessen Sie alles über Hilfsverben, Präpositionen & Co. Im Japanischen übernehmen das Anhängsel, die ans Wort angehängt werden. Wir haben sie mit Punkt (.) vom Wort getrennt.

a) *-wa* = Satzgegenstand, worum es geht:
watashi.wa *Tetsu.desu:* **Was mich angeht**, ich bin Tetsu.

b) Keine Frage ohne *-ka*
-ka macht den Satz zur Frage:
*o.namae.wa nan.desu.**ka?**:* Wie ist Ihr ehrenwerter Name?

c) *-jin:* Bewohner eines Landes:
*Doitsu.**jin**:* Deutsche
*Amerika.**jin**:* Amerikaner

Ganz einfach
Es gibt keine Einzahl und Mehrzahl, kein ich/du/er (Ausnahme: Lebewesen). Der Zusammenhang macht klar, was gemeint ist:
***-desu* = sein**
an Hauptwort u.ä. gehängt.
*Hana.**desu:***
Ich/du/er/sie/es/wir/ihr/sie **sind** eine Blume/Blumen.

Respekt: *o-* vor Hauptwörtern ist ein Zeichen des Respekts.
***o.**namae:* Ihr **ehrenwerter** Name

Floskeln: Man lernt sie am besten als Einheit. Beispiel: *hajimemashite, dōzo yoroshiku* = nett, Sie kennen zu lernen, wörtlich: „Ich fange an, bitte, es ist gestattet." Verwirrend, oder?

1 A

Übungen

Sprechen Sie nach!
r: Zwischending zwischen *l* und *r* (*l* gibt es nicht)
u: kaum zu hören, wird verschluckt
z: wie s („Susi")

1. Was mich angeht ...

1/3

1. Watashi.wa Hanna Burume.desu.
2. Watashi.wa Miyuki.desu.
3. Watashi.wa Okazaki Tetsu.desu.
4. Watashi.wa Ōe Kenzaburō.desu.
5. Watashi.wa Funaki Kazuyoshi.desu.

Bilden Sie einen sinnvollen Dialog! Kleiner Tipp: Auf vier geht's los.

2. Die richtige Reihenfolge bitte!

1. Hanna Burume.desu.
2. Kochira koso.
3. Hajimemashite, dōzo yoroshiku.
4. O.namae.wa nan.desu.ka?

Auf einen Mitlaut folgt ein Selbstlaut (Ausnahme: *n*); deshalb wird ein *u* eingeschoben.
t am Ende: *o* anhängen!
Ex-Kanzler: *Herumu**to** Kōr**u***
Hanna Blume: *Hanna Burume*

3. Auf Japanisch bitte!

*Watashi.wa **Hanna Burume**.desu.*

1. Ich bin Hanna Blume.
2. Ich bin Helmut Kohl.
3. Ich bin Superman.
4. Ich bin Sailor Moon.
5. Ich bin Liese Meier.
6. Ich bin Boris Becker.

Wir üben Anhängsel und Respekt. Einfach die kleinen Teilchen in die richtige Lücke einsetzen.

4. Was gehört wohin?

o- / -desu / -ka / -desu / -wa / -jin

1. O.namae.wa nan.desu.____ ?
2. Watashi.____ Okazaki.desu.
3. O.namae.wa nan.______.ka?
4. Watashi.wa Hanna.______ .
5. ___.namae.wa nan.desu.ka?
6. Amerika.______ .desu.ka?

Wissen Sie, wer *Akebono* ist? Der Lösungsschlüssel verrät es Ihnen auf S. 138.

5. Auf Deutsch bitte!

1. Konnichi.wa!
2. Kochira koso.
3. Hajimemashite, dōzo yoroshiku.
4. O.namae.wa nan.desu.ka?
5. Watashi.wa Akebono.desu.

Hisashiburi.desu

1/4

hisashiburi	lange her
hisashiburi.desu	es ist lange her (dass wir uns gesehen haben)
hai	ja
hontō	Wirklichkeit
hontō.ni	wirklich/echt
genki	Gesundheit
Genki.desu.ka?	Bist du gesund? (Geht's dir gut?)
Dono.gurai?	Wie lange etwa?
Nihon	Japan
i.masu	sein, bleiben
san	drei
-shū.kan	... Wochen lang

■ Hisashiburi.desu.ne.	Lange her, dass wir uns gesehen haben, nicht wahr?
● Hai, hontō.ni hisashiburi.desu.	Ja, wirklich, wir haben uns lange nicht gesehen.
■ Genki.desu.ka?	Geht's dir gut?
● Hai, genki.desu.	Ja, mir geht es gut.
■ Hanna.san.wa dono.gurai Nihon.ni i.masu.ka?	Hanna, wie lange etwa bleibst du in Japan?
● San.shū.kan.gurai.desu.	Etwa drei Wochen lang.

***-ne:* nicht wahr?!/ne?!**
steht am Satzende

***-gurai* = ungefähr**
an Fragewörter oder Zahlen angehängt:
*san.shū.kan.**gurai**:* **etwa** drei Wochen lang

***-ni* = in**
*Nihon.**ni**:* **in** Japan
*Doitsu.**ni**:* **in** Deutschland
*hontō.**ni**:* **in** echt, **in** Wirklichkeit

i.masu
ich/du/er/sie/es ... ist/bleibt/wird bleiben
Gegenwart und Zukunft
(es gibt keine Extraform)

Zahlen
stehen immer mit Mengenanhängseln:
*san.**shū**:* drei **Wochen**

***-kan:* ...lang**

***-san*-Anhängsel**
Jemanden anreden oder über ihn reden – immer muss ein ***-san*** an den Namen:
*Hanna.**san**, genki.desu.ka?:* Hanna, geht's dir gut?

Übungen

Machen Sie aus den Ländern deren Bewohner! Einfach *-jin* anhängen. Schon gemerkt?

Furansu:	Frankreich
Itaria:	Italien
Supein:	Spanien

1. Japaner und andere Landsleute

Nihon.jin

1. Nihon
2. Amerika
3. Doitsu
4. Furansu
5. Itaria
6. Supein

Ein sinnvoller Dialog soll entstehen. Zur Not zurückblättern und auffrischen.

2. Sorgen Sie für Ordnung!

1. Hai, genki.desu.
2. Hanna.san.wa genki.desu.ka?
3. Dono.gurai Nihon.ni i.masu.ka?
4. San.shū.kan.desu.

Orte außerhalb Japans funktionieren nach demselben Muster wie Namen; *Us* zwischen Mitlaute schieben; l = *r*
Berlin: *Berurin*

3. Bleiben Sie ...

Watashi.wa ***Nihon****.ni i.masu.*

1. Ich bleibe in Japan. ________________
2. Ich bleibe in Amerika. ________________
3. Ich bleibe in Tōkyō. ________________
4. Ich bleibe in Berlin. ________________

Einfach die Floskeln nachplappern! Übersetzungen dazu? Finden Sie im Lösungsschlüssel S. 138.

4. Nett, Sie kennen zu lernen

1/5

1. Hajimemashite, dōzo yoroshiku.
2. Konnichiwa!
3. Hontō.ni hisashiburi.desu.ne.
4. Kochira koso.

Zeichen Sie die Striche, der Nummerierung folgend, nach. Lesen Sie von oben nach unten:
Das erste Zeichen ist:
ni = Sonne
Das zweite Zeichen:
hon = Ursprung
zusammen gelesen:
Ni-hon = Japan
Die beiden *kanji* alleine gelesen bedeuten noch etwas anderes:
1. *hi* = Tag, 2. *hon* = Buch
Mehr zur japanischen Schrift auf S. 123.

5. Kanji

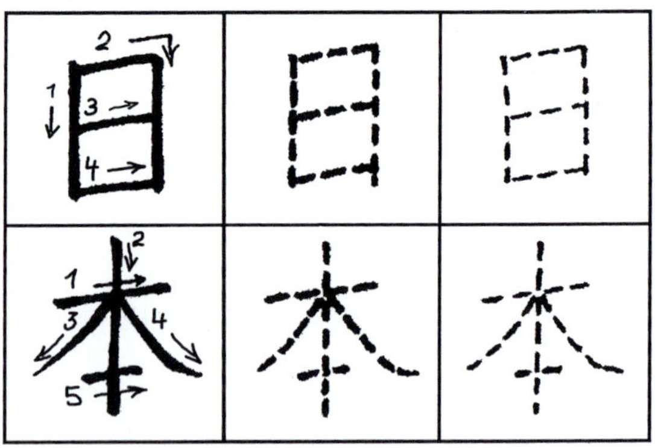

1

Die Metropole

Vom Flughafen Narita, 60 km östlich der Hauptstadt, geht die Fahrt im Zug oder Bus übers Land, vorbei an Reisfeldern und einstöckigen Häusern mit bunten Dächern hinein in die 12-Millionen-Metropole Tōkyō. Von einer Fahrt mit dem Taxi sollte man Abstand nehmen, falls nicht die Firma die astronomisch hohen Kosten übernimmt.
Tōkyō ist politisches, wirtschaftliches und kulturelles Zentrum des Landes. Nicht nur die Regierung, sondern viele Unternehmen und Banken sowie die berühmtesten Universitäten und fast alle Verlage haben hier ihren Sitz. Bekannte Modemarken wie Kenzō und Miyage Issei haben in Tōkyō ihr Stammhaus, und angesehene Architekten aus aller Welt verwirklichten hier ihre extravaganten Projekte. Die Stadt ist nationaler und internationaler Trendsetter. Ein Beispiel: *Tamagochi*. Das virtuelle Küken schlüpfte hier aus seinem Plastikei und weiter in die Herzen der Deutschen – nicht nur der Kinder.
Eine der vielen Kuriositäten in Tōkyō: sogenannte *meido kafē* (Maid Café), in denen als Dienstmädchen verkleidete junge Japanerinnen Männern zu Diensten sind. Sie servieren ihren Kunden ihre Bestellung auf Knien und begrüßen sie mit: „Willkommen zuhause, Herr."
Daneben stößt der ausländische Besucher in den engen Gassen von *Tōkyō* immer wieder auf das alte, traditionelle Japan. Zweistöckige Häuser mit geschwungenen Dächern und winzigen Fenstern, kleine Restaurants und Läden, Tempel und Schreine gibt es in jedem Viertel der Millionenstadt. Hier findet der Alltag der Tōkyōter Familien statt.

Flughafen Kansai
ist im Raum *Ōsaka-Kyōto* im Südwesten der Hauptinsel der zweite internationale Flughafen.

Visum
Touristen dürfen drei Monate bleiben. Wer einen längeren Aufenthalt plant, braucht einen Bürgen und ein Visum; dann beginnt der lange Irrweg durch die Bürokratie.

Japanisches Englisch
Es gibt unzählige japanisierte, meist aus dem Englischen abgeleitete Wörter, z. B. *meido kafē* steht für Maid Café. Man streiche das *o*, dann kommt man auf die englische Aussprache. Alles klar? Mehr Beispiele:
hanbāgā: Hamburger
Pokemon: Pocket monster (Trickfilmfigur)

2

Zu Hause bei Freunden

Frauen und der Weihnachtskuchen
Für die ältere Generation geben ledige Frauen mit 25 Anlass zur Sorge. Geradeso wie eine Weihnachtstorte nach Heiligabend. So nennt man diese Japanerinnen *kurisumasu kēki* (engl.: Christmas cake = Weihnachtskuchen). Ihr Verfallsdatum ist sozusagen überschritten. Miyuki hat es mit 24 Jahren gerade noch so in den Hafen der Ehe geschafft. Zum *kurisumasu kēki* ist sie also nicht geworden.

karē-raisu
Curry-Reis – der Name sagt es schon: viel Currysoße (mehr oder weniger scharf), Fleisch, Kartoffeln und Gemüse, dazu gibt's Reis – Japans Grundnahrungsmittel Nummer eins.

Yamamoto Miyuki und Takuya sind erst seit einem Jahr vollwertige Mitglieder der Gesellschaft. Seitdem arbeiten sie nämlich: er bei einer Bank im Stadtteil Ikebukuro, sie in einem Verlag im Buchviertel Kanda. Die Wege sind weit in Tōkyō, und so sind die beiden froh, ein bezahlbares Apartment *(apāto)* in Ikebukuro, nicht weit vom Bahnhof *(eki)*, gefunden zu haben. Groß ist die Wohnung nicht – *sema.i.deshō* (es ist eng, nicht wahr?): 40 Quadratmeter in einem der vielen Apartmenthäuser von Tōkyō mit einem kleinen Schlafzimmer, einem Wohnzimmer, Küche und Bad. Im Wohnzimmer liegen *tatami* (Reisstrohmatten), früher Japans meist verbreiteter Bodenbelag. Heute treten an dessen Stelle Teppich- oder Holzboden. Das Bad ist die typische Nasszelle, komplett aus Plastik, mit Abfluss im Boden, geduscht wird vor der quadratischen Badewanne. Die Küche ist mehr eine Kochnische, und der Reiskocher *(suihanki)* darf hier natürlich nicht fehlen.
Im Schlafzimmer stehen Betten, von Futons halten die Yamamotos nichts. Das Lüften und tägliche Zusammen- und Ausrollen würde nerven. Hanna dagegen liebt diese Art des Nächtigens und freut sich, als abends für sie ein Futon ausgebreitet wird. Verkehrte Welt.
Die Yamamotos sind begeistert von ihrem unkomplizierten Gast. Normal ist es nicht, jemand „Fremdem" einen so tiefen Einblick in die Privatsphäre zu gewähren. Mit Freunden trifft man sich in der Kneipe oder im Café. Miyuki hat gekocht: *kyō.no yūshoku.wa karē-raisu.desu* (das heutige Abendessen ist Curry-Reis). *Suki. desu.ka?* (Magst du das?) Klar, Hanna mag fast alles, was die japanische Küche zu bieten hat.

O.jama shi.masu

2 A

1/6

Yōkoso!	Willkommen!
naka	das Innere
jama	Störung, Belästigung
shi.masu	tun/machen
kirei.na	hübsch, schön
apāto	Apartment, Wohnung
heya	Zimmer
dōmo arigatō	danke schön
demo	aber
sema.i	eng
sukoshi	ein bisschen
benri.na	bequem, praktisch

- ● Miyuki.san, konnichiwa! — Miyuki, guten Tag!
- ■ Yōkoso, Hanna.san! Naka.e dōzo! — Willkommen, Hanna! Komm herein, bitte!
- ● O.jama shi.masu. — Ich störe.
- ■ Hanna.san, heya.e dōzo! — Hanna, komm ins Zimmer, bitte!
- ● Dōmo arigatō. Kirei.na apāto.desu.ne. — Danke schön. Das ist ein schönes Apartment, ne?!
- ■ Dōmo arigatō. Demo, sema.i.deshō? — Vielen Dank. Aber es ist eng, nicht wahr?
- ● Hai, sukoshi. Demo benri.desu. — Ja, ein bisschen. Aber es ist praktisch.

Eigenschaftswörter
stehen vor dem Hauptwort. Es gibt zwei Typen:
1. ***-na**; kirei.**na** heya:* ein schönes Zimmer
2. ***-i**; sema.i heya:* ein enges Zimmer

***-e:* nach, in, zu**
auf die Frage „wohin?" Mit *dōzo* („bitte") Aufforderung, wohin man kommen/gehen/sich setzen soll: *Heya.**e**. dōzo:* **ins** Zimmer, bitte.

***-deshō:* Vermutung**
an Haupt- und Eigenschaftswörter gehängt: *Hanna.san.**deshō**:* Du bist Hanna, **nicht wahr**?

***o.jama shi.masu:* ich störe**
Wörtlich: Ich mache eine Störung/Belästigung; beim Betreten privater Räumlichkeiten die Entschuldigung dafür, dass man vielleicht ungelegen kommt.

2 A

Übungen

-ne und *-shō* am Ende der Sätze werden schön lang gesprochen.
-ne: mehr bestätigend gemeint
-deshō: eher vermutend

1. Bitte nachsprechen

1/7

1. Kirei.na heya.desu.ne.
2. Benri.na heya.desu.ne.
3. Sema.i apāto.desu.ne.
4. Kirei.na heya.deshō?
5. Benri.na apāto.deshō?

Die Vokabelliste im Anhang sei die Ultima Ratio.

2. Was gehört zusammen?

1. schön	a □ hai
2. praktisch	b □ kirei
3. ja	c □ heya
4. Zimmer	d □ demo
5. danke schön	e □ benri
6. aber	f □ dōmo arigatō

Bejahen Sie die Fragen.

3. Schön, aber eng

*Heya.wa kirei.desu.ka? – Hai, **kirei**.desu.*

1. Heya.wa kirei.desu.ka? – ______________________.
2. Heya.wa sema.i.desu.ka? – ______________________.
3. Apāto.wa sema.i.desu.ka? – ______________________.
4. Apāto.wa kirei.desu.ka? – ______________________.

Einfach den Dialog noch mal anschauen; da finden Sie die Lösung.

4. Was passt hier hin?

1. ______________________? – Hai, benri.na heya.desu.
2. Yōkoso. Naka.e dōzo. – ______________________.
3. Heya.e dōzo. – ______________________.
4. Benri.desu.ka? – ______________________.

Zur Wiederholung:
-ka: Frage
-ne: „gell?“, „ne?“
-na: verbindet Eigenschafts- mit Hauptwort
-san: bei Anrede an Namen
-e: Richtung
-wa: Satzthema

5. Anhängsel anhängen

ka – ne – na – san – e – wa

1. Kirei.na heya.desu. ___!
2. Hanna.san.desu.____?
3. Watashi.____ Miyuki.desu.
4. Benri.____ apāto.deshō.
5. Naka.____ dōzo!
6. Miyuki._______.desu.ka?

Itadakimasu

1/8

kyō.no	heutig
yūshoku	Abendessen
karē-raisu	Curry-Reis
suki.desu	mögen
dai	sehr (vorangestellt)
Itadakimasu!	Guten Appetit!
dō?	wie?
totemo	sehr
oishi.i	lecker
Gochisōsama.deshita!	Es war sehr schmackhaft!

■ Kyō.no yūshoku.wa karē-raisu.desu. Suki.desu.ka?	Das heutige Abendessen ist Curry-Reis. Magst du das?
● Hai, watashi.wa karē-raisu.ga dai.suki.desu. Itadakimasu.	Ja, ich mag Curry-Reis sehr gerne. Guten Appetit.
■ Karē-raisu.wa dō.desu.ka?	Wie ist der Curry-Reis?
● Totemo oishi.i.desu.	Es ist total lecker.
■ Dōmo arigatō.	Danke schön.
● Gochisōsama.deshita.	Es war sehr schmackhaft.

kyō heißt „heute"; wird durch angehängtes ***-no*** zu „heutig": *kyō.**no** karē-raisu:* der heutige Curry-Reis

dai- vor Eigenschaftswörtern bedeutet: sehr

-ga: Werfall; was man mag oder nicht mag, steht mit *-ga* *Watashi.wa Nihon.**ga** suki. desu:* Ich mag Japan.

Floskeln
1. *itadakimasu:* Guten Appetit; eigentlich „ich esse"; kündigt an, dass man zu essen beginnt.
2. *gochisōsama.deshita:* es war sehr schmackhaft; damit bedankt sich der höfliche Gast für das leckere Essen und beendet es.

***-deshita* = war**
Vergangenheit von *-desu* (siehe Seite 37)

2 B

Übungen

Wer anfangen will zu essen, sagt nur *itadakimasu* und tut es. Nicht wundern, wenn die Erwiderung ausbleibt; oder die Gastgeberin sagt einfach *dōzo* (bitte).

1. Bilden Sie Paare!

1. Itadakimasu.
2. Yōkoso!
3. Dōmo arigatō.
4. Hajimemashite, dōzo yoroshiku.

a ☐ Kochira koso.
b ☐ Dō itashimashite.
c ☐ O.jama shi.masu.
d ☐ Gochisōsama. deshita.

Mögen Sie wirklich *Furansu* (Frankreich)? Wenn Sie etwas nur mögen, lassen Sie *dai-* (sehr) weg!

2. Ich mag gerne ...

▶ 1/9

Watashi.wa ***Hanna.san****.ga dai.suki.desu.*

1. Hanna.san
2. kirei.na heya
3. oishi.i yūshoku
4. Furansu
5. Nihon
6. Tōkyō

Sie kennen doch *sushi?!* Wer die kleinen Reishappen mit Fisch in *Doitsu* (Deutschland) nicht mag, sollte sie in *Nihon* probieren. Es könnte an der Qualität der Zutaten liegen. Das Allerwichtigste: Der Fisch muss frisch sein. Logisch, oder?

3. Welche Erwiderung passt?

1. Sushi.wa dō.desu.ka?
   a ☐ Totemo oishi.i.desu.
   b ☐ Totemo sema.i.desu.
2. Itadakimasu.
   a ☐ Dōmo arigatō.
   b ☐ Dōzo.
3. Sushi.ga suki.desu.ka?
   a ☐ Hai, Hanna.san.desu.
   b ☐ Hai, dai.suki.desu.
4. Hisashiburi.desu.ne
   a ☐ Hai, hontō.ni hisashiburi. desu.
   b ☐ Hai, kirei.desu.ne.

Tōkyō

1. *tō* = östlich. Steht es allein, wird es *higashi* gelesen und heißt dann folglich „Osten".
2. *kyō* = Hauptstadt; also *Tōkyō* = die östliche Hauptstadt (im Gegensatz zu *Kyōto*, das bis 1868 Hauptstadt war)

4. Kanji

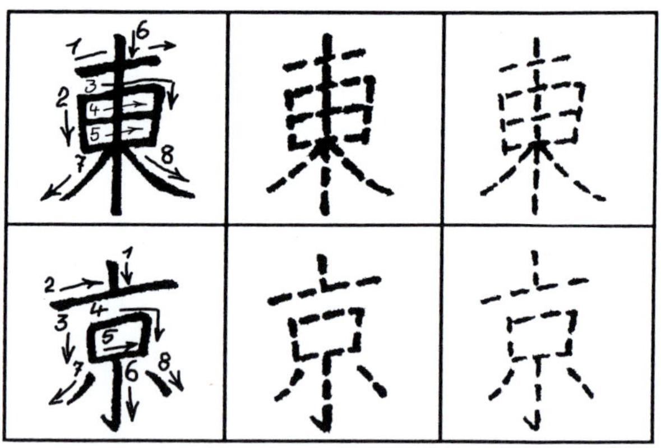

Schuhe aus – Schuhe an

2

Wenn man in Japan eine Wohnung oder ein Haus betritt, sollte man auf jeden Fall seine Aufmerksamkeit gen Boden, genauer gesagt auf seine Füße richten: Schuhe ausziehen ist unverzichtbar. Für Gäste stehen extra Latschen bereit. Also raus aus den Straßenschuhen, und zwar auf der kleinen Fläche zwischen Wohnungstür und Flur, *genkan* genannt.
Die Hausschuhe darf man noch lange nicht im ganzen Haus anbehalten. Vorsicht geboten ist bei *tatami*-Böden: Pantoffeln ausziehen und in Strümpfen oder barfuß betreten! Vor der Toilette stehen besondere Toilettenlatschen *(toirē-surippa)* bereit. Bitte beim Verlassen der Örtlichkeit den Wechsel von Toiletten- in Hausschuhe nicht vergessen. Schon so mancher Ausländer hat seine Gastgeber zu einem verschämten Kichern gebracht, wenn er mit besagten Toilettenschuhen im Wohnzimmer aufgekreuzt ist ...
Selbst in einigen japanischen Kneipen oder Restaurants heißt es Schuhwerk tauschen. Die Straßenschuhe schließt man in die dafür vorgesehenen Boxen weg. Sogar vor der Toilette findet hier ein Schuhwechsel statt. Vergessen gilt nicht, dafür sorgen aufmerksame Bedienungen. Achtung auch beim Sightseeing! So mancher Tempel oder Schrein darf ebenfalls nicht in Straßenschuhen betreten werden. Und auch vor der Umkleidekabine im Geschäft muss man sich seiner Schuhe entledigen. Anprobe immer in Strümpfen, auch wenn man nur einen Pulli kaufen will.

tatami
heißen die auf ein Holzgestell gespannten Reisstrohmatten. Sie haben je nach Region unterschiedliche Maße:
Tōkyō: 1,76x0,88 m
Nagoya: 1,82x0,91 m
Kyōto: 1,91x0,95 m.
Die Fläche eines Zimmers, das mit *tatami* ausgelegt ist, wird nicht in Quadratmetern angegeben, sondern mit der Anzahl der Matten.

3

Studentenleben

Höflichkeitssprache
keigo ist für Ausländer ein Buch mit sieben Siegeln und wirklich kompliziert. Wir vermitteln hier einen höflich-neutralen Alltagsstil.

Da kann man nichts machen
shōga nai oder *shikataga nai* wird dauernd benutzt. Man findet sich mit dem Unabänderlichen ab. Zug verspätet, weil sich jemand davor geworfen hat – *shōga nai.* Ein Erdbeben – *shikataga nai.*

Das Blumenkind
Hanako ist Namensvetterin unserer Hauptakteurin: *hana* (Blume), *-ko* (Kind), die Endung für viele Frauennamen.

Einige Tage nach ihrer Ankunft hat Hanna ein Interview für eine Reportage über das japanische Studentenleben. Sie trifft sich mit einer Studentin in einem Tōkyōter Café. Zuerst einmal tauschen die beiden ihre *meishi* (Visitenkarten) aus. Das ist eine Pflichtübung im japanischen Begrüßungsritual und praktisch, um die gesellschaftliche Stellung des Gegenübers zu bestimmen. Das ist wichtiger, als der Europäer denkt, denn die japanische Höflichkeit schreibt jede Menge Floskeln als Zeichen von Bescheidenheit, Respekt und Hochachtung vor.
Hannas Interviewpartnerin Sakurai Hanako studiert im zweiten Jahr Wirtschaftswissenschaften an der *Tōdai* (= *Tōkyō Daigaku,* Universität von Tōkyō). Hanna hat gleich jede Menge Fragen an Hanako: *Nan.sai.desu.ka?* (Wie alt sind Sie?) Und: *Gakusei.no seikatsu.wa dō.desu.ka?* (Wie ist das Studentenleben?)
Hanako hat nicht viel Freizeit, weil sie neben dem Studium Geld verdienen muss. Sie jobbt abends und nachts im *konbini* (Abkürzung für englisch: convinience store = 24-Stunden-Laden). *Naze arubaito.o shi.te i.masu.ka?* (Warum jobben Sie?) Es ginge nicht anders, schließlich müsse sie das teure Leben in Tōkyō finanzieren, so die 19-Jährige. Und wie steht's mit der Müdigkeit in der Uni? *Shōga nai.desu.* (Da kann man nichts machen.) Der Schlaf wird während der Vorlesung nachgeholt.

Shitsumon.ga ari.masu

3 A

▶ 1/10

shitsumon	Frage
ari.masu	es gibt, man hat
nan.sai?	wie alt?
jū	zehn
kyū	neun
jū kyū	neunzehn
daigaku	Universität
nani?	was?
benkyō shi.te i.masu	studieren
keizaigaku	Wirtschaftswissenschaft

● Shitsumon.ga ari.masu.	Ich habe eine Frage.
■ Hai, dōzo!	Ja, bitte!
● O.namae.wa nan.desu.ka?	Wie ist Ihr ehrenwerter Name?
■ Sakurai Hanako.desu.	Ich bin Sakurai Hanako.
● Nan.sai.desu.ka?	Wie alt sind Sie?
■ Jū kyū.sai.desu.	Ich bin 19 Jahre alt.
● Daigaku.de nani.o benkyō shi.te i.masu.ka?	An der Universität, was studieren Sie?
■ Keizaigaku.o benkyō shi.te i.masu.	Ich studiere Wirtschaftswissenschaft.

man hat/es gibt
ari.masu* + *-ga:
*shitsumon.**ga** **ari.masu:*** ich habe eine Frage
*sushi.**ga** **ari.masu:*** es gibt Sushi

Zahlen

ichi	1
ni	2
san	3
yon	4
go	5
roku	6
nana	7
hachi	8
kyū	9
jū	10

Alter: Zahl + *-sai*
erst Zehner, dann Einer
*jū kyū.**sai**:* 19 **Jahre alt**;
*kyū.**sai**:* neun **Jahre alt**
s. Grammatik S. 158

***-de* = Ort,** an dem man etwas tut:
*daigaku.**de** benkyō shi.te i.masu:* **in** der Uni studieren
*Tōkyō.**de** benkyō shi.te i.masu:* **in** Tōkyō studieren

***-o* = Wen-Fall**
*nani.**o**:* **was?**
***keizaigaku.o** benkyō shi.te i.masu:* ich studiere **Wirtschaftswissenschaft**

shi.te i.masu: gerade dabei sein, etwas zu tun

3 A

Übungen

Einfach die Zahlen auf Japanisch sagen; ein Blick auf die Randspalte S. 21 hilft weiter.

1. Eins bis zehn

1/11

1. 1 2 3
2. 4 5 6
3. 7 8 9
4. 10 10 10
5. 1 1 1 2 1 3
6. 1 4 1 5 1 6
7. 1 7 1 8 1 9
8. 1 2 3 4 5 6

Beantworten Sie die Frage *Doko.de benkyō shi.te i.masu.ka?* (Wo studieren Sie?)

2. Die richtige Endung

***Tōkyō**.de benkyō shi.te i.masu.*

1. Tōkyō
2. Doitsu
3. Berurin
4. Amerika
5. Hiroshima

Hier ist einiges durcheinander geraten. Raten sollen Sie aber nicht, lieber zum Dialog auf Seite 21 zurückblättern.

3. Die richtige Reihenfolge bitte!

1. Hai, dōzo!
2. Hanna.desu.
3. Nan.sai.desu.ka?
4. Shitsumon.ga ari.masu.
5. O.namae.wa nan.desu.ka?
6. Jū kyū.sai.desu.

Die Qual der Wahl: Bitte verbinden Sie die passenden Übersetzungen. Am Ende jeder Frage *-ka* nicht vergessen!

4. Sie haben einige Fragen

1. Wie alt sind Sie?
2. Was ist Ihr Name?
3. Was studieren Sie?
4. Wie lange etwa bleiben Sie in Japan?

a ☐ Dono.gurai Nihon.ni i.masu.ka?
b ☐ Nani.o benkyō shi.te i.masu.ka?
c ☐ Nan.sai.desu.ka?
d ☐ O.namae.wa nan.desu.ka?

Nur Mut: Sie werden bestimmt noch der Japanisch-Deutsch-Star-Übersetzer oder die Japanisch-Deutsch-Star-Übersetzerin bei der UNO.

5. Auf Deutsch bitte!

1. Furansu.de benkyō shi.te i.masu.
2. Kyū.sai.desu.
3. Shitsumon.ga ari.masu.
4. Daigaku.de nani.o benkyō shi.te i.masu.ka?

Nan.demo taka.i.desu

3 B

1/12

gakusei	Student
seikatsu	Leben
isogashi.i	beschäftigt sein
konbini	24-Stunden-Laden
arubaito.o shi.te i.masu	jobben
naze?	warum?
nan.demo	alles
taka.i	teuer
shōga nai.desu	da kann man nichts machen

● Gakusei.no seikatsu.wa dō.desu.ka?	Wie ist das Studentenleben?
■ Totemo isogashi.i.desu.	Ich bin total beschäftigt.
● Nani.o shi.te i.masu.ka?	Was machen Sie?
■ Konbini.de arubaito.o shi.te i.masu.	Ich jobbe im 24-Stunden-Laden.
● Naze arubaito.o shi.te i.masu.ka?	Warum jobben Sie?
■ Tōkyō.de.wa nan.demo taka.i.kara.desu.	Weil in Tōkyō alles teuer ist.
● Shōga nai.desu.ne?!	Da kann man nichts machen, ne?!

-no – dazwischen geschoben ordnet es zwei Hauptwörter einander zu:
*gakusei.**no** seikatsu:*
Studenten-Leben
*daigaku.**no** seikatsu:*
Universitäts-Leben
*Tōkyō.**no** apāto:*
ein Tōkyōter Apartment

*Arubaito.o **shi.te i.masu**:*
gerade dabei sein, einen Job zu **machen**

Fragewort + *-demo:*
... auch immer
nan/nani? was?
nan.demo: was auch immer = alles

***-kara:* weil**
wird bei Begründung eingefügt:
*taka.i.**kara**.desu:*
weil es teuer ist
*sema.i.**kara**.desu:*
weil es eng ist

Übungen

Einfach fröhlich nachplappern, denn: *shōga nai.desu* – da kann man nichts machen. Übersetzung im Lösungsschlüssel, S. 139.

1. Da kann man nichts machen

1/13

1. Nihon.de.wa nan.demo taka.i.desu.
2. Watashi.no heya.wa sema.i.desu.
3. Kyō.no karē-raisu.wa taka.i.desu.
4. Watashi.wa totemo isogashi.i.desu.

Zuordnungen mit zwischengeschobenem *-no*
„das" Berliner Apartment kann auch „ein" Berliner Apartment bedeuten – je nach Zusammenhang.

2. Das Berliner Apartment

Berurin.no apāto

1. apāto – Berurin (das Berliner Apartment)
2. yūshoku – Doitsu (das deutsche Abendessen)
3. heya – Furansu (das französische Zimmer)
4. namae – Amerika (der amerikanische Name)
5. sushi – Nihon (japanische Sushi)
6. gakusei – Tōkyō (der Tōkyōter Student)

Welche Übersetzung passt? Einfach zuordnen.
Wie beschäftigt sind Sie wirklich?
totemo? sukoshi?

3. Total beschäftigt

1. totemo isogashi.i
2. sukoshi isogashi.i
3. totemo oishi.i
4. oish.i
5. isogashi.i

a ☐ beschäftigt
b ☐ lecker
c ☐ total beschäftigt
d ☐ ein bisschen beschäftigt
e ☐ total lecker

Zahlen
In *Nihon* werden die arabischen Ziffern benutzt. Weit verbreitet sind daneben auch *kanji,* z. B. bei Preisen im Restaurant. Hier die Zahlen von eins bis zehn. Ihre Lesung:

ichi – ni – san – yon
go – roku – nana – hachi
kyū – jū

(Siehe auch Seite 21.)

4. Kanji

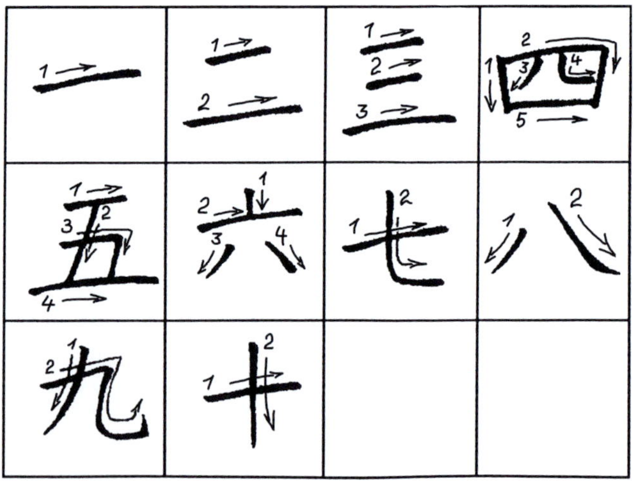

Prüfungshölle

Wer in Japan etwas werden will, muss Aufnahmeprüfungen *(nyūgaku-shiken)* bestehen. Für manch einen fängt das mit dem besseren Kindergarten an, spätestens aber ab der Oberschule gibt es solche Prüfungen. Sie setzen sich bis zur Universität fort.
Um die Leidenszeit der Examina zu überstehen, besuchen viele Kinder nach dem Unterricht besondere Paukschulen *(juku)*, die auf die kniffligen Prüfungsfragen vorbereiten. Schülersein ist deshalb für Japaner eine Vollzeitbeschäftigung. Der Extremfall: Mütter begehen zusammen mit ihrem Sprössling Selbstmord, weil dieser die für die Zukunft so wichtige Prüfung nicht bestanden hat – Prüfungshölle!
Wer in der Universität angekommen ist, für den beginnt ein entspanntes Leben. Nach vier Jahren ist der Abschluss sicher. Deshalb bleibt Zeit für *arubaito* (einen Nebenjob) z. B. im *konbini* (24-Stunden-Laden). Das Studienfach spielt keine Rolle, denn wer an einer der Eliteuniversitäten studiert hat, der hat viele Karrieremöglichkeiten.
Welche Universität zur Elite zählt, kann einer alljährlich erscheinenden Rangliste entnommen werden. Eine der wenigen staatlichen Universitäten, die *Tōdai* (*Tōkyō Daigaku*) führt sie an. Ansonsten ist die japanische Bildung fest in privater Hand und kostet viel, viel Geld. Mädchen müssen oft gegenüber ihren Brüdern zurückstehen und absolvieren oft nur ein zweijähriges Kurzstudium an der *tandai* (*tanki daigaku* – Kurzuniversität). Für sie endet die Karriere traditionell mit dem ersten Kind.

Schulsystem
shōgakkō: Grundschule, 6 Jahre
chūgakkō: Mittelschule, 3 Jahre
kōtōgakkō, kurz: ***kōkō***, Oberschule, 3 Jahre
daigaku: Universität, 4 Jahre

arubaito
kurz ***baito***, vom deutschen Wort „Arbeit". Gemeint ist aber der Nebenjob. Hauptberufliche Arbeit = *shigoto*.

konbini
Was bei uns der Tankstellenshop ist, ist in Japan der rund um die Uhr geöffnete *konbini*. Es gibt ihn an jeder Ecke, und es gibt dort alles, was das Herz begehrt.

4

Prost!

Japaner und Alkohol
Rund der Hälfte aller Japaner fehlt das Enzym, das in unserem Blut für den rascheren Abbau von Alkohol sorgt. Die Folge: arme Japaner, die keinen Alkohol vertragen. Sie laufen schon nach einem winzigen Glas Bier rot an. Und wer rot wird, wird fast ebenso schnell „blau".

Essen
tenpura: frittierte Meeresfrüchte oder Gemüse
sashimi: roher Fischhappen
yakitori: gebratene Hähnchenspieße

edamame
Vorsicht, Ausländerfalle! Die Schale der Bohnen auf keinen Fall mitessen; sie ist hart und ungenießbar; einfach die Bohnen aus der Schale herauslutschen.

Am Ende eines langen Arbeitstages trifft sich Hanna mit ihren Freunden Miyuki und Takuya in einer typischen *izakaya* (Kneipe) nicht weit von deren Wohnung. Die Schuhe haben sie ausgezogen und schön vor dem niedrigen Tisch aufgereiht. Die drei haben es sich auf den *tatami* bequem gemacht. Um sie herum ist es laut. Viele Geschäftsleute und Angestellte in Schlips und Anzug begießen den Feierabend.
Auch Takuya kommt oft mit seinen Kollegen her. Eine freiwillige Pflichtübung, denn beim Bier läßt es sich lockerer über Probleme am Arbeitsplatz reden. Miyuki mag diese japanische Tradition nicht. Ihr Mann kommt mitunter angeheitert nach Hause. Heute hat sich Takuya allerdings frei genommen, schließlich ist Besuch aus Deutschland da. Er weiß, wie sehr Hanna die Atmosphäre der *izakaya* liebt, und möchte dabei sein, wenn sie über Deutschland plaudert.
In der *izakaya* gibt es viele Kleinigkeiten zum Essen, dazu Bier oder *sake* (Reiswein). *Nani.o tabe.tai.desu.ka?* (Was möchtest du essen?), fragt Miyuki. *Tenpura, sashimi, yakitori?* (Frittiertes, roher Fisch, Hähnchenspieße?) Bevor Hanna sich entschieden hat, steht schon der Kellner da: *Go.chūmon.wa?* (Ihre Bestellung?)
Nach zehn Minuten wird alles serviert und auf dem Tisch verteilt. Jeder kann sich nehmen, worauf er Lust hat. Besonders gut zum Bier schmecken *edamame* (salzig eingelegte grüne Sojabohnen). Die Freunde trinken auf ihr Wiedersehen. Na dann *kanpai!* (Prost!)

Nani.o tabe.tai.desu.ka?

4 A

▶ 1/14

tabe.masu	essen
yakitori	Hähnchenspieße
edamame	salzige Sojabohnen
tenpura	Frittiertes
sashimi	roher Fisch
bīru	Bier
nomi.masu	trinken
sō?	ach so?
sō.ne	so, ja
jā	also
chūmon	Bestellung
chūmon shi.masu	Bestellung aufgeben/bestellen

■ Nani.o tabe.tai.desu.ka?	Was möchtest du essen?
● Yakitori.to edamame.o tabe.tai.desu.	Hähnchenspieße und salzige Bohnen möchte ich essen.
■ Watashi.wa tenpura.to sashimi.o tabe.tai.desu.	Ich möchte Frittiertes und rohen Fisch essen.
● Watashi.mo tenpura.to sashimi.ga dai.suki.desu.	Auch ich mag Frittiertes und rohen Fisch sehr.
■ Nani.o nomi.tai.desu.ka?	Was möchtest du trinken?
● Bīru.o nomi.tai.desu.	Ich möchte Bier trinken.
■ Sō?	Ach so?
● Bīru.ga dai.suki.desu.	Ich mag Bier sehr.
■ Sō.ne. Jā, chūmon shi.mashō!	So, ja. Also, lass uns bestellen!

***-tai.desu:* Wunsch**
Bei der *masu*-Form *(shi.masu/tabe.masu/nomi.masu)* wird *-masu* durch *-tai.desu* ersetzt
*shi.**tai.desu**:*
ich **möchte** tun
*tabe.**tai.desu**:*
ich **möchte** essen
*nomi.**tai.desu**:*
ich **möchte** trinken

sō.desu.ne:
eigentlich „so ist das, ne?!" Es signalisiert Zustimmung und man gewinnt Zeit zum Überlegen.

***-mo:* auch-Anhängsel**
*watashi.**mo**:* **auch** ich
*sashimi.**mo**:* **auch** Sashimi

***-to:* und**
verbindet Hauptwörter
*bīru.**to** edamame:*
Bier **und** Edamame

-mashō!:
Lass/lasst uns ... !
an der *masu*-Form das *-masu* streichen und durch *-mashō* ersetzen
*nomi.**mashō**:* **Lass(t)** uns trinken!

4 A

Übungen

Damit Sie nicht verhungern und sagen können, was Sie essen möchten.

1. Lust auf ...

▶ 1/15

*Watashi.wa **yakitori**.o tabe.tai.desu.*

1. yakitori
2. karē-raisu
3. sashimi
4. tenpura
5. edamame

Formulieren Sie den Aussagesatz um in einen Wunsch.

2. Ich möchte ...

▶ 1/16

*Bīru.o nomi.**tai.desu**.*

1. Bīru.o nomi.masu.
2. Keizaigaku.o benkyō shi.masu.
3. Chūmon shi.masu.
4. Konbini.de arubaito.o shi.masu.
5. Sushi.o tabe.masu.

Jeweils zwei passen zusammen.

3. Bier und grüne Bohnen

*bīru.**to** edamame*

1. bīru	a ☐ Berurin
2. sashimi	b ☐ apāto
3. Tōkyō	c ☐ edamame
4. Hanna.san	d ☐ sushi
5. heya	e ☐ Doitsu
6. Nihon	f ☐ Miyuki.san

Fordern Sie auf, etwas gemeinsam zu tun.

4. Lass uns studieren!

***benkyō** shi.mashō!*

1. Lass uns studieren!
2. Lass uns jobben!
3. Lass uns trinken!
4. Lass uns essen!
5. Lass uns bestellen!

Darauf haben Sie Lust – auf Japanisch bitte.
lecker = *oishi.i* – (nein, kein „Oschi", sondern: *o-i-s-h-i.i!)*

5. Lecker, lecker, lecker

1. Ich möchte gebratene Hähnchenspieße essen.
2. Ich mag gebratene Hähnchenspieße sehr.
3. Gebratene Hähnchenspieße sind lecker.
4. Ich möchte Bier trinken. Ich mag Bier.

Kanpai!

1/17

o.negai	Bitte
o.negai shi.masu	bitten/eine Bitte haben
-hon	Stück (für lange, schlanke Dinge)
nomi-mono	Getränk
wakari.masu	verstehen
Hora!	Hoppla! Hey!
mō	schon
ki.masu	kommen
o.matase-shi.mashita	ich habe Sie warten lassen
kanpai shi.masu	anstoßen
Kanpai!	Prost!

● O.negai shi.masu!	Ich habe eine Bitte!
■ Hai, go.chūmon.wa?!	Ja, Ihre ehrenwerte Bestellung?!
● Yakitori.o go.hon o.negai shi.masu.	Fünf Hähnchenspieße, bitte.
■ Nomi-mono.wa?!	Was die Getränke angeht?!
● Bīru.o ni.hon o.negai shi.masu.	Bitte zwei Flaschen Bier.
■ Hai, wakari.mashita.	Ja, ich habe verstanden.
● Hora, nomi-mono.wa mō ki.mashita!	Hey, die Getränke sind schon gekommen!
■ O.matase-shi.mashita.	Ich habe Sie warten lassen.
● Dōmo arigatō. Jā, kanpai shimashō! Kanpai!	Vielen Dank. Also, lasst uns anstoßen! Prost!
■ Kanpai!	Prost!

Bitten
Immer mit dem Zeichen der Bescheidenheit: ***o-***
o.negai shi.masu: ich habe eine (bescheidene) Bitte, wörtlich: ich mache eine (bescheidene) Bitte.

Ehrerbietigkeit
go- als Zeichen der Ehrerbietigkeit vorangestellt
go*.chūmon:* Ihre **ehrenwerte** Bestellung.

Zahlenanhängsel
Lange, schlanke Dinge werden mit dem Anhängsel ***-hon*** gezählt (Stück).

Verschmelzungen

1: *ichi*	*i**p**.**pon***
3: *san*	*san.**bon***
6: *roku*	*ro**p**.**pon***
8: *hachi*	*ha**p**.**pon***

Getränk
nomi(.masu) = trinken
mono = Ding →
nomi-mono = Getränk

Vergangenheit mit *-mashita*
-masu streichen und durch *-mashita* ersetzen
wakari.masu: ich verstehe
*wakari.**mashita**:* ich habe verstanden
ki.masu: ich komme
*ki.**mashita**:* ich bin gekommen

Floskel
o.matase-shi.mashita: Ich habe Sie warten lassen; besonders höfliche Form, sich für Wartezeiten zu entschuldigen – Serviceland Japan!

4 B

Übungen

Erinnern Sie sich? Bitte auf Japanisch: *o.negai shi.masu.*

1. Ich möchte bitte ...

Bīru.o ni.hon *o.negai shi.masu.*

1. ... zwei Flaschen Bier
2. ... acht Hähnchenspieße
3. ... vier Flaschen Bier
4. ... drei Hähnchenspieße

Setzen Sie die Sätze bitte in die Vergangenheit. Aussprachehinweis: Das *i* in *-mashita* wird nicht gesprochen, also eher wie *-mashta.*

2. Es ist vorbei, bye, bye ...

1/18

*Bīru.o nomi.**mashita**.*

1. Bīru.o nomi.masu.
2. Sushi.o tabe.masu.
3. Keizaigaku.o benkyō shi.te i.masu.
4. Konbini.de arubaito.o shi.te i.masu.
5. Wakari.masu.

Keine Lückenbüßer – Anhängsel sind das A & O im Japanischen, und man kann sie nicht oft genug üben.

3. Lückenfüller

-no / -mo / -o / -ga / -ka

1. Nani.____ tabe.tai.desu.ka?
2. Bīru.____ dai.suki.desu.
3. Nani.o nomi.tai.desu.____?
4. Watashi.____ bīru.ga suki.desu.
5. Nihon.____ daigaku.de benkyō shi.mashita.

su-shi

Sie kennen diese Zeichen vielleicht aus einer Sushi-Bar in *Doitsu*. Nein? In *Nihon* werden sie Ihnen bestimmt über den Teller laufen:

1. *su* oder *ju* gelesen (auch: „langes Leben")
2. *ji*

(*su* alleine ist auch ein Glückwunsch)

4. Kanji

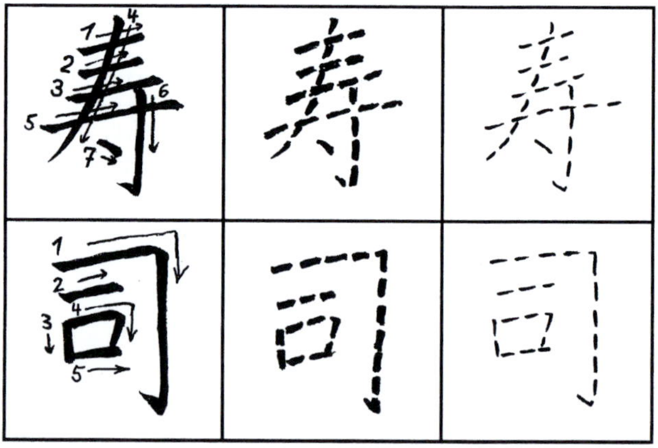

Die Zunge lösen

Wer mit Japanern Geschäfte macht, wird irgendwann auch in eine *izakaya* eingeladen. Am Ende eines langen Verhandlungstages sollte man eine solche Einladung auf keinen Fall ausschlagen, zumal in der *izakaya* das Geschäft oft doch noch zustande kommt. Alkohol löst nicht nur die Zunge, sondern – trotz mancher Stolpersteine – auch Probleme kultureller Art.
Es beginnt schon wieder mit dem Schuheausziehen. Vor dem Tisch stehen keine Stühle, sondern man läßt sich direkt auf den *tatami* nieder. Weiter geht es mit heißen Tüchern, die jedem Gast gereicht werden. Sie sind zur Reinigung von Gesicht und Händen gedacht – herrlich sowohl im heißen, schwülen Sommer als auch im trockenen, kalten Winter.
Geordert werden, so wie das unsere Freunde getan haben, viele Kleinigkeiten, und jeder nimmt sich, was ihm schmeckt. Dazu sollte man, falls man die Kunst des Stäbchenessens beherrscht, die eigenen umdrehen und mit dem dicken Ende zugreifen, an dem man nicht herumgelutscht hat. Es gibt zu Beginn immer auch leere Tellerchen, auf denen man das Essen seiner Wahl zwischenlagern kann. Mit dem Ausruf *kanpaiiii!* stoßen alle gleichzeitig an. Bier und *sake* sind Allgemeingut! Eine Flasche für mehrere Personen ist normal und kein Ausdruck von Geiz. Achtung! Man schenkt sich nie selbst ein, sondern lässt sich einschenken. Anschließend greift man selbst zur Flasche und schenkt dem Einschenkenden ein. Wer nicht mehr will, sollte sein Glas nicht austrinken. Am Ende wird nicht am Tisch, sondern an der Kasse bezahlt. Falls man nicht eingeladen wird, teilt man sich die Rechnung. Trinkgeld ist in Japan nicht üblich. Es ist im Preis enthalten.

Sitzkultur
Manchmal verbirgt sich unterm Tisch eine Vertiefung für Ihre Beine – Glück gehabt! Ansonsten werden Sie den Abend im Schneidersitz verbringen und ab und an gerne das stille Örtchen aufsuchen, um die Durchblutung Ihrer Beine wieder in Gang zu bringen ...

Schneidersitz
für Frauen tabu, weil anstößig. Also Beine nach hinten abknicken und auf den Unterschenkeln knien oder Beine zur Seite wegknicken. Beides wird irgendwann unerträglich. Dann ist auch die deutsche Autorin dieses Buches mit ihrer fernöstlichen Weisheit am Ende.

T

Test 1

Stöbern Sie noch mal in den Begleittexten. Viele Geschäftsleute wundern sich, dass sie in Japan mit ihren Verhandlungen nicht weiterkommen. Kein Wunder, denn es gibt eine ganze Menge kultureller Fallstricke. Dafür wollen wir Sie mit diesen Übungen in den Tests noch einmal sensibilisieren.

1. Welche Antwort stimmt?

1. Japanische Namensgebung funktioniert ...
   a ☐ je nach Lust und Laune, Vorname oder Nachname zuerst.
   b ☐ so wie bei uns: erst der Vor-, dann der Nachname.
   c ☐ anders herum als in Deutschland: erst Familien-, dann Vorname.

2. In der *izakaya* ...
   a ☐ wird die Rechnung nicht am Tisch, sondern an der Kasse gezahlt.
   b ☐ stehen Betten für betrunkene Geschäftsleute.
   c ☐ bestellt jeder ein Menü, von dem er nichts abgibt.

3. *Tamagochi* ist ...
   a ☐ der kleine Bruder von Godzilla.
   b ☐ ein virtuelles Küken, das gehegt und gepflegt werden muss.
   c ☐ eine spezielle Sushi-Form.

4. Wenn man in Japan ein Haus betritt, ...
   a ☐ muss man sich zuerst die Hände im Eingangsbereich waschen.
   b ☐ sollte man der Gastgeberin sofort die Hände schütteln.
   c ☐ darf man nicht vergessen, die Schuhe auszuziehen.

5. *Tatami* ...
   a ☐ ist eine Form des Zenbuddhismus.
   b ☐ sind japanische Badewannen.
   c ☐ sind Reisstrohmatten, die als Fußbodenbelag dienen.

6. Visitenkarten ...
   a ☐ helfen, die gesellschaftliche Stellung einzuschätzen.
   b ☐ besitzen nur Manager, um sich wichtig zu geben.
   c ☐ braucht kein Japaner; sie landen nur im Altpapier.

Ein bisschen Kombinationsgabe ist hier gefragt. Schauen Sie sich Fragen und Antworten genau an, denn oft wird ein Wort oder eine Formulierung aus der Frage in der Antwort wiederholt.

2. Fragen und Antworten

1. Nani.o nomi.tai.desu.ka?	a ☐ Jū kyū.sai.desu.
2. Genki.desu.ka?	b ☐ Bīru.o nomi.tai.desu.
3. Karē-raisu.wa dō.desu.ka?	c ☐ Hai, benri.desu.
4. Nan.sai.desu.ka?	d ☐ Hai, genki.desu.
5. Nani.o benkyō shi.te i.masu.ka?	e ☐ Totemo oishi.i.desu.
6. Benri.desu.ka?	f ☐ Keizaigaku.o benkyō shi.te i.masu.

3. Was fehlt?

1. ______________, dōzo yoroshiku.
   a ☐ Genki
   b ☐ Hisashiburi
   c ☐ Hajimemashite

2. Kochira________.
   a ☐ hai
   b ☐ koso
   c ☐ hontō.ni

3. O.jama ____________.
   a ☐ shi.masu
   b ☐ deshita
   c ☐ suki.desu

4. Karē-raisu.wa ____________?
   a ☐ genki.desu.ka?
   b ☐ benri.desu.ka?
   c ☐ suki.desu.ka?

5. Shitsumon.ga ____________.
   a ☐ benkyō shi.te i.masu
   b ☐ ari.masu
   c ☐ taka.i.desu

6. _________ arubaito.o shi.te i.masu.ka?
   a ☐ Nan.demo
   b ☐ Naze
   c ☐ Nani

Die Qual der Wahl. Wir erleichtern sie Ihnen, indem wir nur aus Sätzen zitieren, die auch in den Dialogen vorkommen.

4. Wie sagt man auf Japanisch?

1. Guten Tag.
2. Es war sehr schmackhaft.
3. Geht es dir gut?
4. Willkommen!
5. Danke schön.
6. Ja, bitte!

Wir hoffen sehr, dass es Ihnen bis hierher *genki* geht. Ansonsten hilft nur *Shōga nai.desu.ne* (S. 23) oder *sepukku* (S. 71).

5

Ein Erdbeben!

Unberechenbare Natur

jishin – Erdbeben – gibt's jährlich ca. 10.000 in und um Japan, rund 1.000 davon sind spürbar.

tsunami – die großen Flutwellen – folgen auf ein starkes Beben und überspülen die Pazifikküste.

taifū – „große Winde" – suchen von Juli bis November die Süd- und Westküste heim. Bei Taifunen kommen alljährlich etwa 250 Menschen ums Leben.

kazan – Vulkane – brechen regelmäßig aus: Der berühmteste unter den 60 mehr oder weniger aktiven ist der Fuji, mit 3.776 m Japans höchster Berg.

Hanna hat im Café ihr Interview beendet. Gerade als sie wieder gehen will, fangen Teller, Tassen, Gläser und sogar die Tische an zu wackeln und zu scheppern. Ein Erdbeben, oh Schreck!!!
Eine halbvolle Flasche gerät in Bewegung und fällt Hanna auf den Fuß. *Ita!* (Autsch!) Sie hält sich an ihrem Tisch fest und schaut sich verängstigt um: Die Japaner bleiben ganz ruhig sitzen und warten ab, bis alles vorbei ist. Der Spuk dauert nur wenige Sekunden. Nachdem sich die Erde wieder beruhigt hat, kommt auch schon der Kellner auf die arme Hanna zugelaufen. *Daijōbu.desu.ka?* (Ist alles in Ordnung?) Hannas Knie sind noch etwas weich, aber sonst tut ihr nichts weh. Alles ist noch mal gut gegangen.
Auch am Abend zu Hause bei ihren Freunden ist das heutige Erdbeben Thema. *Nihon.ni.wa jishin.ga ō.i.desu.* (In Japan gibt es viel Erdbeben.) Haben die Japaner denn keine Angst vor Erdbeben? Miyuki beruhigt Hanna: meist passiert nichts, und wenn doch: *shikata.ga nai* (da kann man nichts machen). Das liegt in der Natur der Sache. Außerdem sind Erdbeben und andere Naturkatastrophen wie Taifune oder Vulkanausbrüche in Japan nichts Ungewöhnliches. Man muss eben damit leben.

Jishin!

5 A

▶ 1/19

Uwā!	Huch!
jishin	Erdbeben
Ita!	Autsch!
daijōbu.desu	es ist in Ordnung
doko?	wo?
doko.ka	irgendwo
ita.i.desu	weh tun
bikkuri shi.masu	sich erschrecken
shinpai	Sorge
shinpai shi.masu	sich Sorgen machen

● Uwā!	Huch!
■ Jishin!	Ein Erdbeben!
● Ita!	Autsch!
■ Daijōbu.desu.ka?	Ist alles in Ordnung?
● Hai, daijōbu.desu.	Ja, alles ist in Ordnung.
■ Doko.ka ita.i.desu.ka?	Tut es irgendwo weh?
● Īe, doko.mo ita.ku nai.desu. Demo, bikkuri shi.mashita.	Nein, nirgends tut es weh. Aber ich habe mich erschrocken.
■ Hontō.ni daijōbu.desu.ka?	Ist es wirklich in Ordnung?
● Hai, hontō.ni daijōbu.desu.	Ja, es ist wirklich in Ordnung.
■ Sukoshi shinpai shi.mashita.	Ich habe mir ein bisschen Sorgen gemacht.

Fragewort + *-ka:* irgend
doko?: wo?
*doko.**ka**:* **irgend**wo
nani?: was?
*nani.**ka**:* **irgend**was

Verneinung von Eigenschaftswörtern
-i streichen und *-ku* + *nai* dranhängen
*ita.**i**:* weh tun
*ita.**ku nai**:* **nicht** weh tun
*sema.**i**:* eng
*sema.**ku nai**:* **nicht** eng

nirgend
= Fragewort + *-mo* + Verneinung:
doko?: wo?
*doko.**mo** ita.**ku** nai.desu:* **nirgends** tut es weh.
nani?: was?
*nani.**mo** wakari.masen:* Ich verstehe „**nirgendwas**“ = nichts.

5 A

Übungen

Vier Pfeile reichen. Ordnen Sie zu.

1. Fragen über Fragen

1. wie?
2. wie lange etwa?
3. wo?
4. was?

a ☐ doko?
b ☐ nani?
c ☐ dō?
d ☐ dono.gurai?

Nur eine der beiden Übersetzungen findet die Zustimmung des Japanologen. Welche wohl?

2. Was heißt hier was?

1. O.genki.desu.ka?
   a ☐ War es lecker?
   b ☐ Wie geht's Ihnen?
2. Daijōbu.desu.ka?
   a ☐ Ist alles in Ordnung?
   b ☐ Bist du beschäftigt?
3. O.jama shi.masu.
   a ☐ Ich jobbe.
   b ☐ Ich trete ein.
4. Shōga nai.desu.ne.
   a ☐ Ich studiere an der Uni, ne.
   b ☐ Da kann man nichts machen, ne.

Sagen Sie, was Sie getan haben. Es geht um essen, verstehen, sich bewegen und sich erschrecken. (Vergangenheitsform s. S. 29)

3. Vergangenheit

▶ 1/20

*tabe.**mashita***

1. tabe.masu
2. wakari.masu
3. ugoki.masu
4. bikkuri shi.masu

Der Nipponese an sich sagt übrigens nicht oft eindeutig „nein". Er windet sich gerne, sagt *eto, nē, chotto:* also, na ja, ein bisschen = nein. Die Nipponesin windet sich übrigens auch.

4. Nein sagen

▶ 1/21

*Sema.**i.desu.ka**? – Īe, sema.**ku nai.desu**.*

1. Sema.i.desu.ka? – Īe, ...
2. Taka.i.desu.ka? – Īe, ...
3. Ita.i.desu.ka? – Īe, ...
4. Oishi.i.desu.ka? – Īe, ...
5. Isogashi.i.desu.ka? – Īe, ...

Hier hat ein Erdbeben in den Satzbau gefunkt. Sorgen Sie für Wiederaufbau, sinnvolle Sätze sollen entstehen. Tätigkeitswörter immer ans Ende.

5. Die richtige Reihenfolge

1. ita.i – doko.ka – -desu.ka?
2. shi.mashita – bikkuri – demo
3. nai.desu – doko.mo – ita.ku
4. yoroshiku – hajimemashite – dōzō
5. dai- – bīru.ga – suki.desu

Bikkuri shi.mashita

1/22

kissaten	Café
intabyū	Interview
kappu	Tasse
gurasu	Glas
botoru	Flasche
ugoki.masu	sich bewegen
Ē?	Hä?
ō.i.desu	es gibt oft
tsuyo.i	stark

■ Kyō doko.ni i.mashita.ka?	Wo warst du heute?
● Kissaten.ni i.mashita. Intabyū. o shi.mashita.	Ich war im Café. Ich habe ein Interview gemacht.
■ Dō.deshita.ka?	Wie war es?
● Kappu.ya gurasu.ya botoru.ga ugoki.mashita.	Die Tassen, Gläser, Flaschen usw. haben sich bewegt.
■ Ē?	Hä?
● Jishin.ga ari.mashita. Bikkuri shi.mashita.	Es gab ein Erdbeben. Ich habe mich erschrocken.
■ Nihon.wa jishin.ga ō.i.desu.	Was Japan angeht, gibt's oft Erdbeben.
● Kyō.wa sukoshi tsuyo.i jishin.deshita.	Heute war ein etwas starkes Erdbeben.
■ Shikata.ga nai.desu.ne?!	Da kann man nichts machen, ne?!

-deshita
Vergangenheit von *-desu*
dō.desu?: wie ist es?
*dō.**deshita**?:* wie **war** es?
botoru.desu: das ist eine Flasche
*botoru.**deshita**:* das **war** eine Flasche

Unvollständige Aufzählung
Hauptwörter werden mit ***-ya*** verbunden, wenn die Aufzählung unvollständig ist:
*kappu.**ya** gurasu.**ya** botoru:* Tassen, Gläser, Flaschen **etc**.

Übungen

Sie waren im Café, in Tōkyō, in der Universität, im 24-Stunden-Laden und im Apartment.

1. Wo waren Sie heute?

1/23

*Kyō **kissaten**.ni i.mashita.*

1. kissaten
2. Tōkyō
3. daigaku
4. konbini
5. apāto

So geht's: einfach das *-desu*-Anhängsel durch *-deshita* ersetzen.

2. Wie war's?

Dō.deshita.ka?

1. Dō.desu.ka?
2. Hana.wa kirei.desu.
3. Oishi.i sandoichi.desu.
4. Sema.i heya.desu.
5. Nan.desu.ka?

In der Kneipe gibt es viele Studenten. Was die da wohl tun?

3. Es gibt oft ...

1/24

***Nihon**.wa **jishin**.ga ō.i.desu.*

1. Nihon – jishin
2. Amerika – konbini
3. Doitsu – hana
4. izakaya – gakusei

hi-jō
In Bahnhöfen und anderen öffentlichen Gebäuden: Notausgang.
1. *hi*
2. *jō*
zusammen gelesen eigentlich „Not"

4. Kanji

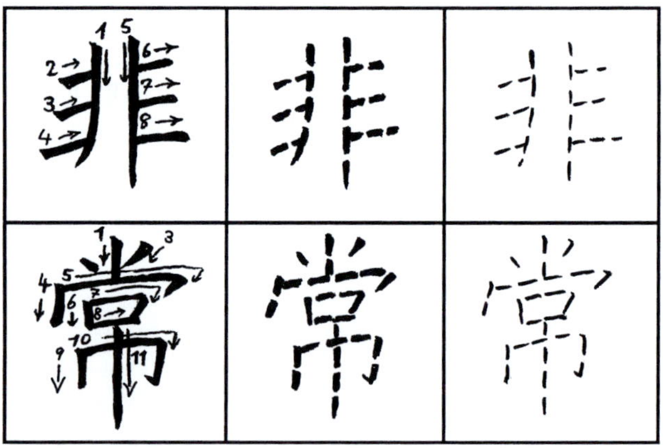

Wenn alles wackelt

Dreimal in der jüngeren Geschichte hat es größere Erdbeben mit vielen Toten und Verletzten gegeben: 2011 in der Region Tōhoku im Osten, 1995 im Großraum Kōbe und 1923 im Großraum Tōkyō-Yokohama, in der Ebene von Kantō. Das Problem bei dem großen Kantō-Beben waren vor allem die Brände, die als Folge der Erschütterungen ausbrachen. 2011 führte eine riesige *tsunami*-Flutwelle, ausgelöst durch das Erdbeben, zur Reaktorkatastrophe von Fukushima.

Geheizt und gekocht wurde und wird noch heute mit Gas. Deshalb schaltet sich jetzt bei der geringsten Erdbewegung die Gaszufuhr zentral ab. Und auch die Züge und U-Bahnen halten auf der Stelle automatisch an, damit es nicht zu Entgleisungen kommt. Ansonsten geht bei einem Erdbeben alles so schnell, dass alle Verhaltenstipps (Türen öffnen, sich unter einen Türsturz stellen oder unter einen Tisch kriechen) ohnehin hinfällig werden.

Die Japaner ignorieren die ständige Bedrohung, doch große Beben rütteln sie für kurze Zeit auf. Dann stürmen sie die Kaufhäuser, um dort besondere Überlebenspakete mit Helm, Radio, Taschenlampe, Lebensmitteln, Wasser und dem Nötigsten für den Ernstfall zu erstehen.

Als erdbebensicher gelten die Hochhäuser im Tōkyōter Viertel Shinjuku. Sie geraten bei einem Beben in Schwingung und haben bisherigen Belastungen getrotzt. Nicht so die Schnellstraße von Kōbe mit den vielen Brücken über den Dächern der Stadt. Sie stürzte zusammen und mit ihr der Traum, dass es eine erdbeben-sichere Architektur gibt.

Ernstfall proben
Am 1. September, dem *bōsai. no hi*, dem Antikatastrophentag und gleichzeitig Jahrestag des großen Kantō-Bebens, übt Japan im Erdbebensimulator – mit einer Menge Spaß.

Higashi-Nihon Dai.shinsai (11.02.2021):
Die Große Erdbebenkatastrophe Ost-Japans kostete mindestens 22.000 Menschen das Leben. Das Epizentrum des Seebebens lag rund 370 km nordöstlich von Tōkyō und löste eine riesige Flutwelle aus, in deren Folge die meisten Opfer starben. Zusätzlich führte das Beben in mehreren Atomkraftwerken zu Nuklearunfällen, wovon der Standort Fukushima am stärksten betroffen war.

Hanshin-Awaji Dai.jihin (17.02.1995):
Großes Erdbeben der Gegend *Hanshin-Awaji* = Kōbe und Umgebung mit rund 5.000 Toten.

Kantō Dai.jishin (01.05.1923):
Großes Kantō-Beben mit rund 140.000 Toten und 580.000 zerstörten Gebäuden.

6

Willkommen!

Familiennamen
haben oft etwas mit der Natur zu tun: *Tanaka* (*ta* = Feld, *naka* = Mitte)
Ōmori (*ō* = groß, *mori* = Wald).
Kamogawa ist eigentlich der *Kamo*-Fluss. (*gawa* bzw. *kawa* = Fluss)

Geisha
Eine *geisha* ist kein Freudenmädchen. Jahrelange Ausbildung in der Kunst von Unterhaltung, Tanz, Gesang und Spiel der *shamisen* (dreisaitige Laute) machen sie zu einer perfekten Gesellschaftsdame, die ihrem Gast jeden Wunsch von den Augen abliest.

Nach einer Woche Tōkyō wird es Zeit für eine Luftveränderung. Hanna will für eine kleine Reportage in die alte Kaiserstadt Kyōto fahren. Sie hat dort keine Freunde, muss sich also vorher um eine Unterkunft kümmern.
Im Japan Travel Bureau (JTB), dem größten und halbstaatlichen Reisebüro, lässt sie sich beraten: *Kyōto.ni iki.tai.desu.* (Ich möchte nach Kyōto fahren.) *Hoteru.no yoyaku.ga deki.masu.ka?* (Kann ich eine Hotelreservierung machen?) Sie findet die Hotels recht teuer, denkt sich: „Wenn schon – denn schon" und entschließt sich zur Übernachtung in einer traditionellen japanischen *ryokan*-Herberge: Tee zur Begrüßung, Essen auf dem Zimmer, *futon* auf den *tatami*-Matten und am Abend ein ausführliches heißes Bad im hoteleigenen *o.furo* (Gemeinschaftsbad). Kyōto, eine Stadt mit lebendiger Geschichte ist genau der richtige Ort für so etwas.
Sie entscheidet sich für das *Kamogawa ryokan*, und fragt: *Hitori ip.paku ikura.desu.ka?* (Was kostet eine Übernachtung für eine Person?) Auch wenn der Ausflug mit 20.000 Yen (rund 130 Euro) pro Nacht nicht gerade billig wird, reserviert Hanna. Vielleicht fallen ja auch ein paar schöne Fotos vom anderen, alten Japan ab. Nirgendwo gibt es so viele *o.tera* (Tempel) und *jinja* (Schreine) wie in Kyōto, das über 1.000 Jahre Sitz des *Tennō* (Kaiser) und Hauptstadt war. Vielleicht trifft Hanna in einem Teehaus des alten Vergnügungsviertels Gion sogar eine echte *geisha*.

Irasshaimase!

6 A

▶ 1/25

Irasshaimase!	Willkommen!
iki.masu	gehen/fahren
un	hmhmm
hoteru	Hotel
yoyaku	Reservierung
deki.masu	können
itsu?	wann?
jū go.nichi	der 15. Tag
nan.haku?	wie viele Übernachtungen?
ni.haku	zwei Übernachtungen

● Konnichiwa.	Guten Tag.
■ Irasshaimase!	Willkommen!
● Kyōto.ni iki.tai.desu.	Ich möchte nach Kyōto fahren.
■ Un.	Hmmhm.
● Hoteru.no yoyaku.ga deki.masu.ka?	Kann ich eine Hotelreservierung machen?
■ Hai, deki.masu. Itsu.desu.ka?	Ja, können Sie. Wann ist es?
● Jū go.nichi.kara.desu.	Vom 15. an ist es.
■ Nan.haku.desu.ka?	Wie viele Übernachtungen sind es?
● Ni.haku.desu.	Es sind zwei Übernachtungen.

***Irasshaimase!* – Willkommen!**
(wörtl. Seien Sie bitte da!) hört man überall dort, wo Kundschaft durch eine Tür kommt.

Ich möchte tun ...
-masu streichen, dafür ***-tai:***
iki.masu: ich gehe
*iki.**tai**:* ich **möchte** gehen

etwas können
-ga + deki.masu
*yoyaku.**ga deki.masu**:* ich **kann** reservieren

Zahlen von 10 – 20

jū	10
jū ichi	11
jū ni	12
jū san	13
jū yon	14
jū go	15
jū roku	16
jū nana	17
jū hachi	18
jū kyū	19
ni jū	20

Ganz einfach: erst Zehner, dann Einer.

-haku = gezählte **Übernachtungen**, mehr dazu in der Kurzgrammatik.

***-nichi* – Tag im Monat**
der 11. = *jū ichi.nichi*
der 12. = *jū ni.nichi*
der 13. = *jū san.nichi*

Achtung, Ausnahme:

1.–10., 14., 19., 20. und 24. heißen ganz anders. Wie? Das sei Ihnen hier erspart.

***-kara* = von ... an**
*go.nichi.**kara**:* vom 5. Tag an

Übungen

Die Schummler finden auf S. 41 die angenäherte Übersetzung.

1. Auf Deutsch bitte!

1. Irasshaimase!
2. Watashi.wa Kyōto.ni iki.tai.desu.
3. Hoteru.no yoyaku.ga deki.masu.ka?
4. Nan.haku.desu.ka?

Sie möchten gehen/fahren, bleiben, essen und trinken.

2. Was möchten Sie?

*Watashi.wa **Kyōto.ni iki**.tai.desu.*

1. Kyōto.ni iki.masu.
2. Daigaku.ni iki.masu.
3. Nihon.ni i.masu.
4. Karē-raisu.o tabe.masu.
5. Bīru.o nomi.masu.

Fragen Sie, ob das möglich ist.

3. Kann ich ... ?

1/26

***Hoteru.no yoyaku**.ga deki.masu.ka?*

1. hoteru.no yoyaku
2. sushi.no.chūmon
3. keizaigaku.no.benkyō
4. konbini.de arubaito

Eine japanische Besonderheit: keine Zahl ohne ihr Anhängsel. Also üben Sie, dieses Mal Tage im Monat.

4. Der wie vielte?

*jū go.**nichi***

1. der 15.
2. der 22.
3. der 30.
4. der 11.
5. der 25.
6. der 27.
7. der 31.
8. der 12.

Wer keine Antwort weiß und nicht Lotterie spielen möchte, dem hilft nur Zurückblättern. Für vier Richtige gibt es leider keinen Panasonic-Staubsauger.

5. Welche Erwiderung passt?

1. Itsu.desu.ka?
   - a ☐ Jū go.nichi.kara.desu.
   - b ☐ Go.haku.desu.
2. Nan.haku.desu.ka?
   - a ☐ Ni jū.nichi.desu.
   - b ☐ Ni.haku.desu.
3. Doko.desu.ka?
   - a ☐ Kyōto.desu.
   - b ☐ Sushi.desu.
4. Nan.sai.desu.ka?
   - a ☐ Jū.nana.sai.desu.
   - b ☐ Hap.pon.desu.

moshi, moshi

6 B

1/27

ryokan	Herberge/Gasthaus
gozai.masu	sein (sehr höflich)
moshi, moshi	hallo
ii.masu	heißen
arigatō gozai.masu	vielen Dank
hitori	eine Person
ip.paku	eine Übernachtung
ikura?	wie viel (Geld)?
ni.man	20.000
-en	Yen
go.gatsu	Mai/5. Monat

■ Hai, Kamogawa ryokan.de gozai.masu.	Ja, hier ist das Kamogawa-Gasthaus.
● Moshi, moshi, watashi.wa Hanna Burume.to ii.masu.	Hallo, ich heiße Hanna Blume.
■ Un.	Hmmhm.
● Heya.no yoyaku.o shi.tai.desu.	Ich möchte eine Zimmerreservierung machen.
■ Hai, arigatō gozai.masu.	Ja, vielen Dank.
● Hitori ip.paku ikura.desu.ka?	Was kostet eine Übernachtung für eine Person?
■ Ni.man.en.desu.	Das macht 20.000 Yen.
● Jā, go.gatsu jū go.nichi.kara ni.haku o.negai shi.masu.	Also, bitte vom 15. Mai an zwei Übernachtungen.

-de gozai.masu
Sehr höflich-bescheidene Form für *-desu;* für den Alltag nicht zu gebrauchen.

-to i.imasu
„Ich heiße ..." – der Name steht dabei mit ***-to:*** *Burume.**to** i.imasu:* ich heiße „Blume".

***-man* = Zehntausender**
10.000 = ***ichi**.man*
20.000 = ***ni**.man*

Yen = *-en*
10.000 Yen = *ichi.man.**en***

Monate: 1–12 + *-gatsu*

ichi.gatsu	Januar (1. Monat)
ni.gatsu	Februar
san.gatsu	März
***shi**.gatsu*	April
go.gatsu	Mai
roku.gatsu	Juni
***shichi**.gatsu*	Juli
hachi.gatsu	August
***ku**.gatsu*	September
jū.gatsu	Oktober
jū ichi.gatsu	November
jū ni.gatsu	Dezember

Schon gemerkt?
April, Juli und September sind Ausnahmen.

moshi, moshi
„Hallo?", aber nur am Telefon

Übungen

Das ganze Jahr ...
-kara bedeutet „von ... an“. Bereits bekannt: 4, 7 und 9 sind Ausnahmen: *ichi, ni, san,* ***shi*** (statt *yon*), *go, roku,* ***shichi*** *(nana), ha-chi,* ***ku*** *(kyū), jū.*

1. Von Januar, Februar, März an ...

ichi.gatsu.kara

1.	Januar	5.	Mai	9.	September
2.	Februar	6.	Juni	10.	Oktober
3.	März	7.	Juli	11.	November
4.	April	8.	August	12.	Dezember

Also, wenn Sie Ihren europäischen Namen sagen: erst Vorname, dann Nachname, dann *-to i.imasu*. Achtung bei 2.

2. Ich heiße ...

▶ 1/28

Hanna Burume.to i.imasu.

1. Hanna Blume
2. Okazaki Tetsu
3. Helmut Kohl
4. Gerhard Schröder
5. Steffi Graf
6. Martin Schmitt

Die Frage dazu:
Ip.paku ikura.desu.ka?

3. Was kostet eine Nacht?

Ichi.man.en.desu.

1. 10.000 Yen
2. 20.000 Yen
3. 50.000 Yen
4. 30.000 Yen

Sie bitten um eine Hotelreservierung, eine Bierbestellung, den Namen und ein Abendessen.

4. Also, eine bescheidene Bitte ...

Jā, hoteru.no yoyaku.o o.negai shi.masu.

1. hoteru.no yoyaku
2. bīru.no chūmon
3. o.namae
4. yūshoku

Jahr – Tag – Monat
1. *-nen* Zählanhängsel, allein: *toshi* = Jahr
2. *-gatsu* Zählanhängsel, *getsu* allein = Monat, *tsuki* = Mond
3. *-nichi,* Zählanhängsel-Zeichen, kennen Sie aus *Ni-hon,* allein auch *hi* (Tag/Sonne) gelesen

5. Kanji

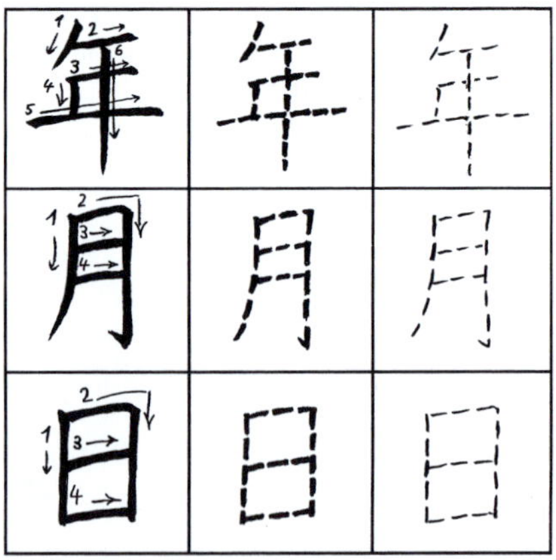

Hotel & Co.

6

In den großen Metropolen finden sich Hotels mit internationalem Standard. Hier funktioniert alles wie bei uns: Englisch kein Problem, westliches Essen, das Zimmer ohne fernöstliche Exotik. In den großen Wirtschaftszentren gibt es daneben so genannte preiswertere *bijinesu-hoteru* (Business Hotels).

Wer japanische Tradition pur erleben möchte, sollte einmal in einem echten *ryokan* übernachten. Allerdings muss man für den gepflegt-aufmerksamen Service in diesen Häusern der gehobenen Klasse auch etwas tiefer in die Tasche greifen. Zum Frühstück gibt es meist Fisch und Reis! Die preiswerte Alternative ist das *minshuku* (eine Art Pension). Zur familiären Atmosphäre gehört, dass der Gast sich den *futon* selbst ausbreitet, morgens das Bettzeug wegräumt und sich die Handtücher mitbringt.

Die günstigste Variante, verbunden mit ein bisschen Abenteuer: die Übernachtung in einer der über 600 Jugendherbergen *(yūsu-hosuteru)*. Erforderlich: ein internationaler oder japanischer Jugendherbergsausweis. Nicht wenige der Jugendherbergen sind auf dem Gelände eines Tempels *(o.tera)* oder Schreins *(jinja)* untergebracht. Vielleicht erhören einen die Götter, wenn man um Glück auf der Weiterreise bittet …

Lovehotel
Nicht hinter jedem Schild *hoteru* verbirgt sich auch ein wirkliches Hotel. Hotels mit weiblichem Vornamen sind meist „Stundenhotels", manche davon sehen aus wie Schlösser. Nichts ist anstößig an einem *rābu-hoteru* (Lovehotel), denn angesichts enger, hellhöriger Wohnungen suchen Paare diese disneymäßig ausgestatteten Etablissements gerne auf.

7

Grüne Schalter

***Yamanote.sen* = Yamanote-Linie**
Ringbahn der JR (Japan Rail) in Tōkyō, an der alle wichtigen Umsteigebahnhöfe liegen und die zu Stoßzeiten alle 30 Sekunden (!) fährt.

Rund um die Bahn
kippu: Fahrkarten aller Art
jōshaken: Bahnfahrkarte
kakueki-densha: Bummelzug, hält an jedem Bahnhof *(eki)*
kyūkō: Schnellzug, entspricht einem Regionalexpress
tokkyū (=kaisoku/junkyū): Express, japanischer IC
shinkansen („neue Fernlinie"): japanischer ICE

kitsuen: Raucher
kin'en: Nichtraucher

Sieben Uhr abends im *Tōkyō eki* (Bahnhof Tōkyō) – Menschen, so weit das Auge reicht, die meisten auf dem Weg von der Arbeit nach Hause oder in die *izakaya*. Hanna lässt sich mit den Massen treiben – gegen den Strom geht nicht. Sie sucht nach einem *midori.no madoguchi* (grüner Schalter), nur da gibt es *kippu* (Fahrkarten) für die Bahn zu kaufen: *Shinkansen.de iki.tai.desu.* (Ich möchte mit dem Shinkansen fahren.) Kein Problem, nur eine Frage des Geldes. Der Superschnellzug ist doppelt so teuer wie der normale Expresszug, aber Hanna möchte sich die Hochtechnologie nicht entgehen lassen. Die rund 400 km legt er bei 300 km/h Spitzengeschwindigkeit in knapp zwei Stunden zurück.
Als Hanna sich endlich in einen der S-Bahn-Züge auf der *Yamanote. sen* (Yamanote-Linie) gequetscht hat, kommt ihr – eingezwängt zwischen einer Aktentasche und einem Regenschirm irgendwelcher Mitreisender – der Gedanke, dass es vielleicht doch besser wäre, einen Platz im *shinkansen* zu reservieren; am Morgen nutzen auch viele Pendler den Superschnellzug. Am Ziel, dem *Ikebukuro eki* (Bahnhof Ikebukuro) angekommen, also noch einmal das Spiel mit dem *midori.no madoguchi*. Die Schalterangestellte ist äußerst freundlich und geduldig. Nein, ein *jōshaken* (eine Bahnfahrkarte) habe sie schon, meint Hanna, es gehe um die Reservierung: *Kin'en-seki.o o.negai shi.masu.* (Einen Nichtraucher-Platz bitte.) Der Wunsch wird ihr kommentarlos erfüllt. Die Bahnangestellte verzieht keine Miene, auch wenn es seit 2006 in Japan keine Raucherabteile mehr gibt. Kundschaft, erst recht aus dem Ausland, stellt man in Japan nicht bloß.

Kyōto.ni iki.tai.desu

7A

1/29

Konbanwa!	guten Abend!
koko	hier
kippu	Fahrkarte
ka.u/kai.masu	kaufen
koto	Sache, Angelegenheit
shinkansen	Shinkansen (= jap. ICE)
ashita	morgen
kata-michi	einfache Fahrt
ōfuku	Hin- und Rückfahrt

● Konbanwa!	Guten Abend!
■ Konbanwa!	Guten Abend!
● Kyōto.ni iki.tai.desu.	Ich möchte nach Kyōto fahren.
■ Hai?	Ja?
● Koko.de kippu.o ka.u koto.ga deki.masu.ka?	Kann ich hier eine Fahrkarte kaufen?
■ Hai.	Ja.
● Shinkansen.de iki.tai.desu.	Ich möchte mit dem Shinkansen fahren.
■ Hai, wakari.mashita. Itsu.desu.ka?	Ja, ich habe verstanden. Wann ist es?
● Ashita.desu. Ikura.desu.ka?	Morgen ist es. Was kostet das?
■ Kata-michi.desu.ka?	Ist es eine einfache Fahrt?
● Īe, ōfuku.desu.	Nein, es ist eine Hin- und Rückfahrt.
■ Jā, san.man.en.desu.	Also, das sind 30.000 Yen.

Tätigkeitswörter
Sie kennen bereits die *-masu*-Form für die höfliche Umgangssprache. Im **Wörterbuch** steht immer die Form mit der Endung: ***-u***, ***-ru*** oder ***-uru***, je nach Gruppe. Leider muss man die immer mitlernen.

1. *-ru*-Gruppe

Wörterbuch	höflich
-ru	*-masu*
deki.ru	*deki.masu*
i.ru	*i.masu*
tabe.ru	*tabe.masu*

2. *-u*-Gruppe

Wörterbuch	höflich
-u	*i.masu*
ka.u	*kai.masu*
i.u	*ii.masu*
ar.u	*ari.masu*
wakar.u	*wakari.masu*
ik.u	*iki.masu*
ugok.u	*ugoki.masu*
nom.u	*nomi.masu*

3. *-uru*-Gruppe

Wörterbuch	höflich
-uru	*-i.masu*
k.uru	*ki.masu*
s.uru	*shi.masu*

Dazu ist das komplizierte Regelwerk gut:
können = Wörterbuchform + ***koto.ga deki.masu:***

ka.u koto.ga ***deki.masu***: kaufen **können**
tabe.ru koto.ga ***deki.masu***: essen **können**

Aus *s.uru/shi.masu* wird einfach *deki.ru/deki.masu:* können.

***-de* = Mittel**
*shinkansen.**de**:* **mit** dem Shinkansen
*baito.**de**:* **mit** dem Nebenjob

7 A

Übungen

-ru durch *-masu* ersetzen und *-u* durch *-i.masu*. *s.uru* ist leider unregelmäßig.

1. Was tun Sie?

1/30

*tabe.**masu***

1. tabe.ru
2. nom.u
3. i.ru
4. ik.u
5. ar.u
6. ka.u
7. s.uru
8. wakar.u

Ich kann kaufen/Sie können kaufen – sagen Sie's. Ich, du, er, sie, es, wir, ihr oder Sie – die Form bleibt immer gleich. Praktisch, oder?

2. Könnerschaft

ka.u *koto.ga deki.masu*

1. kaufen
2. essen
3. trinken
4. gehen
5. verstehen
6. kommen

Wohin Sie gehen oder fahren, drücken Sie mit einem angehängten *-ni* aus.

3. Ich möchte nach Kyōto fahren

1/31

Kyōto*.ni iki.tai.desu.*

1. Kyōto
2. Tōkyō
3. Amerika
4. Doitsu
5. daigaku
6. konbini

Wer, wie, was, wieso, weshalb, warum – wer nicht fragt, bleibt dumm.

4. Was bedeutet was?

1.	was?	a ☐	naze?
2.	wie viel?	b ☐	doko?
3.	warum?	c ☐	ikura?
4.	wie?	d ☐	itsu?
5.	wo?	e ☐	dō?
6.	wann?	f ☐	nani?

Welche Erwiderung passt? Nicht so schwer, oder? Doch Probleme? S.47 hilft weiter.

5. Wir wünschen einen guten Abend!

1.	Konbanwa!	a ☐	Hai, ashita.desu.
2.	Konnichiwa!	b ☐	Īe, ōfuku.desu.
3.	Katamichi.desu.ka?	c ☐	Konnichiwa!
4.	Ashita.desu.ka?	d ☐	Konbanwa!

Nan.ji.desū.ka?

7 B

▶ 1/32

jōshaken	Fahrkarte
chiga.u/chigai.masu	das ist verkehrt/anders
Asō.desu.ka?	Ach so ist das?!
seki	Platz
shuppatsu	Abfahrt
nan.ji?	um wie viel Uhr?
hachi.ji	acht Uhr
go.fun	fünf Minuten
asa	der Morgen
kin'en	Nichtraucher

● Konbanwa!	Guten Abend!
■ Konbanwa!	Guten Abend!
● Ashita shinkansen.de Kyōto.ni iki.masu.	Morgen fahre ich mit dem Shinkansen nach Kyōto.
■ Jōshaken.o kai.tai.desu.ka?	Möchten Sie eine Fahrkarte kaufen?
● Īe, chigai.masu. Mō kai.mashita.	Nein, es ist anders. Ich habe sie schon gekauft.
■ Asō.desu.ka?!	Ach so ist das?!
● Hai, sō.desu. Seki.no yoyaku.o shi.tai.desu.	Ja, so ist das. Ich möchte eine Platzreservierung machen.
■ Shuppatsu.wa nan.ji.desu.ka?	Die Abfahrt ist um wie viel Uhr?
● Hachi.ji go.fun.desu.	Sie ist um acht Uhr fünf Minuten.
■ Asa.desu.ka?	Am Morgen?
● Hai, asa.desu. Kin'en-seki.o o.negai shi.masu.	Ja, am Morgen. Einen Nichtraucher-Platz bitte.
■ Hai, wakari.mashita.	Ja, ich habe verstanden.

Stunden: Zahl + *-ji*
*nan.**ji**?:* um wie viel **Uhr**?
*ichi.**ji**:* 1 **Uhr**
*ni.**ji**:* 2 **Uhr**
etc. bis 12 Uhr, dann wieder von vorne, 13–24 Uhr gibt es nicht!

Unregelmäßigkeiten bei:
***yo**.ji:* **4** Uhr
***shichi**.ji:* **7** Uhr
***ku**.ji:* **9** Uhr

Minuten: Zahl + *-fun*
regelmäßig:
2: ***ni**.fun*
5: ***go**.fun*
7: ***nana**.fun*
9: ***kyū**.fun*

Verschmelzungen:
1: *ichi+fun* → *i**p.pun***
3: *san+fun* → *san.**pun***
4: *yon+fun* → *yon.**pun***
6: *roku+fun* → *ro**p.pun***
8: *hachi+fun* → *ha**p.pun***
10: *jū+fun* → *ju**p.pun***

kin'en: **Nichtraucher**
Aussprache: *„Kin-en"* und nicht *„Ki-nen"* mit Stimmabsatz – deshalb der Apostroph (**'**).

7 B

Übungen

Eine höfliche Bitte *(negai)* formuliert man mit dem ehrerbietigen *o*

1. Ich bitte darum

1/33

Kin'en.no seki.o *o.negai shi.masu.*

1. kin'en.no seki
2. hoteru.no yoyaku
3. Shinkansen.no kippu
4. ōfuku.no jōshaken

Auf Japanisch: *nan.ji?*
Kleine Gedächtnisstütze:
Uhr = *-ji*
Achtung bei 4, 7, 9!

2. Wie viel Uhr?

jū.ji

1. 10 Uhr
2. 9 Uhr
3. 8 Uhr
4. 7 Uhr
5. 6 Uhr
6. 5 Uhr
7. 4 Uhr
8. 3 Uhr
9. 2 Uhr
10. 1 Uhr

Kleiner Tipp: die Minuten verschmelzen alle!
Ja, ja: eins zwei drei im Sauseschritt eilt die Zeit ...

3. Die Minuten zählen

*ichi.**ji** ip.**pun***

1. 1 Uhr und 1 Minute
2. 3 Uhr und 3 Minuten
3. 4 Uhr und 4 Minuten
4. 6 Uhr und 6 Minuten
5. 8 Uhr und 8 Minuten
6. 10 Uhr und 10 Minuten

Stunde und Minute

1. *-ji*
   Zählanhängsel für Stunden, allein *toki* (Zeit) gelesen.
2. *-fun* oder *-pun* Zählanhängsel für Minuten.

4. Kanji

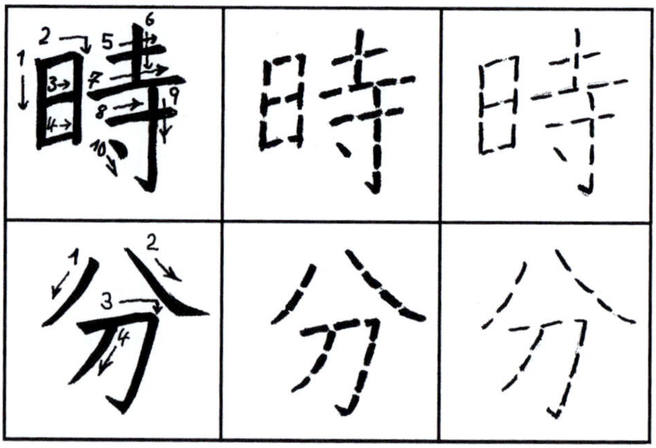

Drei Kilometer pro Minute

7

Shin-kan-sen (neue Fern-Linie) tauften die Japaner den damals schnellsten Zug der Welt. Der allererste Superexpress auf der Strecke *Ōsaka – Tōkyō* wurde rechtzeitig zu den olympischen Spielen von 1964 in Betrieb genommen. Inzwischen legt der Zug, den die Amerikaner ehrfürchtig „bullet train" (Geschoss-Zug) nennen, die 515 km in zwei Stunden und 53 Minuten zurück.
Im Vergleich dazu: ein Bummelzug braucht für die Strecke *Ōsaka – Tōkyō* über zehn Stunden.
Inzwischen reicht die Hauptverkehrsader Nord-Süd bis auf die südliche Insel *Kyūshū*. Richtung Norden fährt der *shinkansen* von Tōkyō bis Hakodate auf der nördlichen Insel *Hokkaidō*. Und auch die sonst eher rückständigen, ländlichen Präfekturen *Niigata* und *Nagano* im Westen von *Honshū* erreicht der *shinkansen*.
Ein großer Unterschied zum deutschen ICE: die japanischen Expresszüge sind, wie überhaupt beinahe alle Züge in Japan, zu 99,9% pünktlich. Gut organisiert ist auch das Einsteigen. Auf dem Bahnsteig kennzeichnen weiße Linien die Zugänge zu den Wagen. Drängeln kommt nicht vor. Außerdem ist jeder Zug nach Wagen mit und ohne Reservierung aufgeteilt. Eine Mischform (reservierte – nicht reservierte Plätze in einem Wagen) gibt es nicht.
Die erste Klasse heißt nicht wie sonst in japanisch-englischer Manier „first class", sondern *gurīn.sha* (grüner Wagen). Die Wagen sind nicht etwa grün angemalt, sondern von außen mit einem vierblättrigen Kleeblatt gekennzeichnet. Glücklich, wer sich's leisten kann …

Poesie auf Schienen
nozomi (Wunsch/Hoffnung) – eine Art Intercity

hikari (Licht) – der schnellste Zug

kodama (Echo) – der langsamste Zug, weil er am häufigsten hält; da ihn vor allem Pendler nutzen, besteht teilweise nicht die Möglichkeit, Plätze zu reservieren.

Tōkyō – Fukuoka
Ein besonderes Bonbon auf der Fahrt Richtung Süden: der Blick auf den heiligen Berg Fuji *(Fuji.san)*. Mancher Lokführer hat den Zug schon für die atemberaubende Sicht gestoppt … sagt die Legende.

8

Gute Besserung

karada	**Körper**
mimi	Ohr
me	Auge
ha	Zahn
mune	Brust
hara	Bauch
shinzō	Herz
ashi	Fuß/Bein
ude	Arm
te	Hand
nodo	Hals
yubi	Finger
senaka	Rücken
mōchō	Blinddarm
byōki	**Krankheit**
arerugī	Allergie
geri	Durchfall
enshō	Entzündung
netsu	Fieber
hakike	Brechreiz
seki	Husten
gan	Krebs
kaze	Erkältung
kossetsu	Bruch
byōin	**Krankenhaus**
isha	Arzt
yakkyoku	Apotheke
jiko	Unfall
kega	Verletzung

Hanna hat es erwischt – der „Klimaanlagen-Infekt“: Züge, Kaufhäuser, Büros gut gekühlt und das bei über 30 Grad im Schatten. Die Folge: eine dicke Erkältung inklusive Fieber. Ausgerechnet jetzt! Ihre Freundin Miyuki ist besorgt: *Kyōto.no ryokō.wa daijōbu. desu.ka?* (Geht deine Kyōto-Reise in Ordnung?) Wird wohl nichts werden: *Muri* (unmöglich). Hanna hat üble Kopfschmerzen: *Atama. ga ita.i.desu* (Mein Kopf tut weh).
Die Japaner sind stolz auf ihre fortschrittliche Klimatisierung. Jeder gewöhnliche Vorstadtzug und jeder klapprige Überlandbus haben eine *eakon* (von air condition= Klimaanlage). Alles Jammern hilft nichts; Hanna bittet Miyuki, ihre Reservierung für die Übernachtung in Kyōto zu stornieren.
Später schleppt sich Hanna in die nächste Apotheke. Sie beschreibt die Symptome: starke Kopfscherzen und: *Netsu.mo ari.masu* (Fieber habe ich auch). Die Apothekerin erkennt sofort: *Kaze.deshō* (Ist wohl eine Erkältung). Sie empfiehlt ein Medikament, das in Deutschland rezeptpflichtig wäre. Wenn's nicht hilft, kann Hanna noch immer zu einem Doktor gehen. Der würde ihr dann noch ein paar Pillen und Pülverchen extra verkaufen. Rezepte gibt es kaum. Medikamente verkauft der Mediziner direkt und in kleinen Mengen, je nach Notlage des Patienten. Die nette Apothekerin jedenfalls wünscht Hanna erst einmal „gute Besserung“: *O.daiji.ni!*

Atama.ga ita.i.desu

8 A

1/34

O.hayō gozai.masu!	Guten Morgen!
atama	Kopf
ita.i.desu	wehtun
netsu	Fieber
tabun	wahrscheinlich
ryokō	Reise
muri.na	unmöglich
omo.u/omoi.masu	denken/meinen/glauben
kyanseru.o s.uru/shi.masu	absagen/annullieren

■ O.hayō gozai.masu!	Guten Morgen!
● O.hayō gozai.masu!	Guten Morgen!
■ Dō shi.mashita.ka?	Was hast du gemacht?
● Atama.ga ita.i.desu.	Der Kopf tut mir weh.
■ Ē? Netsu.wa?	Hä? Und Fieber?
● Tabun sukoshi ari.masu.	Habe ich wahrscheinlich ein bisschen.
■ Kyōto.no ryokō.wa daijōbu.desu.ka?	Geht deine Kyōto-Reise in Ordnung?
● Īe, muri.da.to omoi.masu.	Nein, das ist unmöglich, glaube ich.
■ Yoyaku.no kyanseru.o shi.masu.ka?	Sage ich die Reservierung ab?
● Hai, o.negai shi.masu.	Ja, ich bitte darum.

***dō** shi.mashita.ka?*
wörtlich: **wie** hast du gemacht? = was hast du gemacht/angestellt?

Eigenschaft: *-na*

benri.na:	praktisch
kirei.na:	schön
genki.na:	gesund
muri.na:	unmöglich

Übrigens: ***suki.desu*** (mögen) ist auch ein Eigenschaftswort; *suki.**na** apāto:* ein Apartment, das ich mag, eigentlich: ein gemochtes Apartment.

omoi.masu
Ich glaube – es wird nachgestellt, und das, worauf es sich bezieht, bekommt ein ***-to*** angehängt. Außerdem steht statt *-desu* ein einfaches *-da*.
Kleiner Trost, wir finden das auch unmöglich kompliziert.

Unmöglich!
*muri.**da.to omoi.masu:***
das ist unmöglich, glaube ich

8 A

Übungen

Schummler aufgepasst:
unmöglich – *muri*
gesund – *genki*
schön – *kirei*
mögen – *suki*
praktisch – *benri*

1. Ich glaube/meine/denke ...

1/35

***muri**.da.to omoi.masu.*

1. muri
2. genki
3. kirei
4. suki
5. benri

Sortieren Sie die Wörter so, dass eine sinnvolle Frage entsteht. Am Schluss *-ka* nicht vergessen und Hauptwörter mit *-no* verbinden.

2. Fragen suchen

***Yoyaku**.no **kyanseru**.o shi.masu.**ka**?*

1. shi.masu – kyanseru – yoyaku
2. bīru – chūmon – shi.masu
3. arubaito – shi.masu – konbini
4. shi.masu – yoyaku – hoteru
5. ryokō – shi.masu – Kyōto

Und was heißen diese kleinen Wörter? Bitte Paare bilden.

3. Kleine Wörter

1. tabun
2. sukoshi
3. totemo
4. mō

a ☐ sehr
b ☐ schon
c ☐ ein bisschen
d ☐ wahrscheinlich

Wie immer:
1. versuchen zu verstehen
2. nachdenken, was auf die Frage passt
3. nachdenken, was nicht passt
4. sich für das Richtige entscheiden
5. verifizieren im Schlüssel
6. wieder von vorne anfangen, falls nötig.

4. Welche Erwiderung passt?

1. Ryokō.wa daijōbu.desu.ka?
   a ☐ Hai, genki.desu.
   b ☐ Īe, muri.da.to omoi.masu.
2. Dō shi.mashita.ka?
   a ☐ Īe, doko.mo ita.ku nai.desu.
   b ☐ Atama.ga ita.i.desu.
3. Netsu.wa?
   a ☐ Tabun sukoshi ari.masu.
   b ☐ Karē-raisu.ga suki.desu.
4. Nan.ji.desu.ka?
   a ☐ Ni.man.en.desu.
   b ☐ Hachi.ji.desu.

Schon wieder eine Übersetzungsübung! Protest? Dann tun Sie's trotzdem. Die Satzstruktur ist immer die gleiche.

5. Auf Japanisch bitte!

*Atama.**ga** ita.i.**desu**.*

1. Der Kopf tut weh.
2. Das Zimmer ist eng.
3. Das Erdbeben ist stark.
4. Die Reise ist teuer.
5. Es gibt viele Hotels.

O.daiji.ni!

8 B

1/36

nan.do?	wie viel Grad?
kaze	Erkältung
taihen	schlimm
tsumori.desu	vorhaben
yo.ku nai	nicht gut
kono	dieser/diese/dieses
kusuri	Medizin
i.i	gut
kore	dies/das
O.daiji.ni!	Gute Besserung!

■	O.hayō gozai.masu!	Guten Morgen!
●	O.hayō gozai.masu.	Guten Morgen!
■	Dō shi.mashita.ka?	Was haben Sie gemacht?
●	Atama.ga ita.i.desu. Netsu.mo ari.masu.	Mein Kopf tut mir weh. Fieber habe ich auch.
■	Netsu.wa nan.do.desu.ka?	Fieber, wie viel Grad sind es?
●	San jū hachi.do.desu.	38 Grad sind es.
■	Kaze.deshō.	Wohl eine Erkältung.
●	Hai, tabun kaze.da.to omoi.masu.	Ja, wahrscheinlich ist es eine Erkältung, denke ich.
■	Taihen.desu.ne.	Das ist schlimm, nicht wahr?!
●	Ryokō.o s.uru tsumori.deshita.ga ...	Ich hatte vor, eine Reise zu machen, aber ...
■	Ryokō.wa yo.ku nai.desu.ga ... kono kusuri.wa i.i.deshō.	Eine Reise ist nicht gut, aber ... diese Medizin ist wohl gut.
●	Jā, kore.o kudasai.	Also, diese bitte.
■	O.daiji.ni!	Gute Besserung!

Zählen = Zauberei
Je nachdem, was gezählt wird, konstruiert der Japaner anders. Beispiel:
Temperatur: Zahl + ***-do***
38 **Grad**: *san jū hachi.**do***

vorhaben, etwas zu tun
Wörterbuchform + ***tsumori.desu:***
*Ryokō.o s.**uru tsumori.desu**:* **Ich habe vor**, eine Reise zu machen.

*Sushi.o tabe.**ru***
***tsumori.desu**:* **Ich habe vor**, Sushi zu essen.

-ga (gesprochen: *nga*) am Satzende: aber ... steht, wenn jemand Bedenken hat, ausdrücken will, dass sich irgend etwas doch anders verhält ...

Verneinungsausnahme:
i.i – gut
yo.ku nai – nicht gut

Übungen

1. Sagen Sie auch mal nein!

Wiederholung aus Lektion 5. Es geht um etwas, das wehtut, eng, gut bzw. stark ist.

1/37

*Atama.**wa** ita.**ku nai.**desu.*

1. Atama.ga ita.i.desu.
2. Heya.ga sema.i.desu.
3. Kono kusuri.ga i.i.desu.
4. Jishin.ga tsuyo.i.desu.

2. Höflichkeit

Umwandeln: Wörterbuchform in *-masu*. Übung macht übrigens den Meister. Aber Zen-Meister werden Sie hiermit leider nicht.

*kai.**masu***

1. ka.u
2. i.u
3. nom.u
4. ar.u
5. k.uru
6. s.uru

3. Ich hatte vor ...

Tipp: Die Tätigkeitswörter benötigen am Ende auf jeden Fall die Wörterbuchform!

Ryokō.o ***s.uru tsumori.deshita.***

1. Ryokō.o shi.masu.
2. Daigaku.ni iki.masu.
3. Bīru.o nomi.masu.
4. Sushi.o tabe.masu.

4. Gute Besserung!

Hat alles mit Schmerz und Krankheit zu tun, *taihen!* Hoffentlich reagieren Sie auf die Übersetzung nicht psycho-somatisch mit einem Wehwehchen.

1. Atama.ga ita.i.desu.
2. Netsu.mo ari.masu.
3. Kaze.desu.ka?
4. Taihen.desu.ne.
5. Doko.mo ita.ku nai.desu.

5. Kanji

***byō-in:* Krankenhaus**

1. *byō* hat immer mit Krankheit zu tun. Allein *yamai* gelesen, bedeutet es auch Leiden, Unwohlsein, Sucht, Schwäche.
2. *in* hat immer mit Gebäuden oder Institutionen zu tun.

byōin heißt nicht nur das Krankenhaus, sondern auch die Arzt-Praxis.

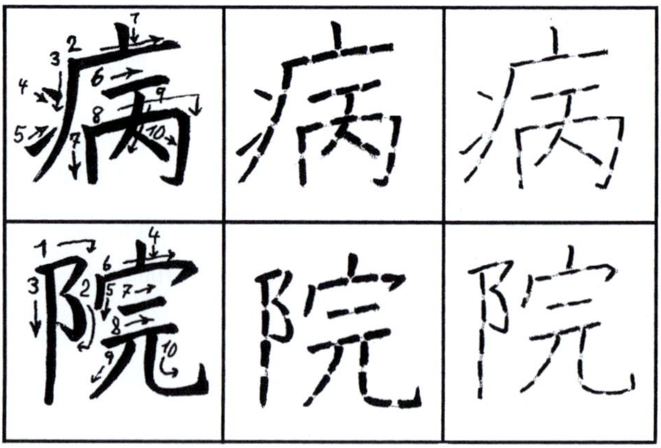

Verschnupfungen

8

Die Wahrscheinlichkeit, sich durch japanisches Essen eine Magenverstimmung zu holen, ist im Vergleich zu anderen südostasiatischen Ländern äußerst gering. Die Lebensmittel kommen in bester Qualität frisch vom Markt in die Restaurants, und auch das Essen am Imbissstand kann man ohne Bauchschmerzen genießen. Viel wahrscheinlicher ist es, sich im Sommer eine Erkältung einzufangen. Der ständige Wechsel zwischen Hitze draußen und Kühle drinnen führt unweigerlich zur Verschnupfung.

Haben sich Japaner eine *kaze* (Erkältung) zugezogen, zeigen sie sich äußerst rücksichtsvoll ihrer Umwelt gegenüber: sie tragen nicht erst seit Corona einen Mundschutz, um niemanden anzustecken. Naseputzen in der Öffentlichkeit ist übrigens ein Tabu – Hochziehen dagegen in Ordnung!

Ärztliche Versorgung? Kein Problem, außer für Frauen vielleicht. Gynäkologen verschreiben Japanerinnen nämlich im Allgemeinen keine Antibabypille. Angeblich vertragen japanische Frauen keine westlichen Medikamente. Das Ammen- bzw. Gynäkologenmärchen hat einen finanziellen Hintergrund: An den durchaus üblichen Abtreibungen verdienen die Mediziner nämlich mehr. Verhütungsmittel Nummer eins sind deswegen immer noch Kondome.

Übrigens gibt es einige deutschstämmige medizinische Begriffe, z. B. *rentogen*. Wenn also ein japanischer *isha* (Arzt) von *rentogen.o shi.masu* redet, will er Sie eventuell röntgen.

Als ausländischer Patient müssen Sie nach der Behandlung in Vorkasse treten; und vor der Abreise nach Japan sollten Sie die zusätzliche Auslandskrankenversicherung nicht vergessen! Schutzimpfungen sind nicht nötig. Es könnte aber sein, dass Sie ein Gesundheitszeugnis vorlegen müssen, bevor Sie für längere Zeit nach Japan gehen, z. B. zum Studium.

isha	**Arzt**
haisha	Zahnarzt
naikai	Internist
fujinkai	Gynäkologe
hifukai	Hautarzt
shōnikai	Kinderarzt

T Test 2

Kurzer Check, ob Sie auch die Begleittexte wirklich gelesen haben. Sprachvermittlung ist nicht zu trennen vom Wissen über die andere Kultur. Je aufmerksamer Sie sich die Infos einverleiben, desto geringer die Wahrscheinlichkeit, in *Nihon* dauernd ins Fettnäpfchen zu treten.

1. Welche Antwort stimmt?

1. Erdbeben kommen in Japan ...
   a ☐ nur alle 1.000 Jahre vor.
   b ☐ jedes Jahr um die 10.000 Mal vor.
   c ☐ nur zusammen mit einem *taifū* vor.

2. Am Anti-Katastrophen-Tag ...
   a ☐ spricht der Tennō im Fernsehen zu seinem Volk.
   b ☐ muss jeder der örtlichen Feuerwehr seinen Schutzhelm zeigen.
   c ☐ gedenkt man dem *Kantō Dai.jishin* und übt im Erdbebensimulator.

3. In ein *rabu-hoteru* ...
   a ☐ gehen nur die Damen der käuflichen Liebe mit ihren Kunden.
   b ☐ werden nur Japaner ab 31 eingelassen.
   c ☐ ziehen sich Paare zu trauter Zweisamkeit zurück.

4. Ein *ryokan* ist ...
   a ☐ eine traditionelle Herberge der gehobenen Klasse.
   b ☐ ein japanisches Bordell.
   c ☐ eine bessere Jugendherberge.

5. Der *shinkansen* ...
   a ☐ ist ein buddhistischer Schinken.
   b ☐ ist die Ringbahn von Tōkyō.
   c ☐ ist der ICE der Japaner, nur pünktlicher und schneller.

6. Wer in Japan mit einem Mundschutz herumläuft ...
   a ☐ ist aus einer Seuchenstation geflohen.
   b ☐ hat eine Erkältung und möchte niemanden anstecken.
   c ☐ ist Chirurg und hat's eilig, in den OP zu kommen.

Wenn bei Ihnen bis hierher alles *daijōbu*, also in Ordnung ist, antworten Sie mit *Hai, dajōbu.desu.* Und so gibt es auf jede Frage genau eine und zwar eindeutige Antwort.

2. Fragen und Antworten

1. Daijōbu.desu.ka?
2. Netsu.wa nan.do.desu.ka?
3. Doko.ka ita.i.desu.ka?
4. Asa.desu.ka?
5. Yoyaku.ga deki.masu.ka?
6. Ip.paku ikura.desu.ka?

a ☐ Hai, asa.desu.
b ☐ Hai, daijōbu.desu.
c ☐ Īe, doko.mo ita.ku nai.desu.
d ☐ Ni.man.en.desu.
e ☐ San jū hachi.do.desu.
f ☐ Hai, deki.masu.

3. Was fehlt?

1. Daijōbu.desu._____?
   a ☐ -o
   b ☐ -ka
   c ☐ -wa

2. Hontō._____ daijōbu.desu.
   a ☐ -ka
   b ☐ -desu
   c ☐ -ni

3. Burume._____ i.imasu.
   a ☐ -to
   b ☐ -kara
   c ☐ -de

4. Hoteru._____ yoyaku.ga deki.masu.ka?
   a ☐ -no
   b ☐ -ga
   c ☐ -wa

5. Kyōto._____ iki.masu.
   a ☐ -wa
   b ☐ -ni
   c ☐ -o

6. Taihen.desu._____?!
   a ☐ -ni
   b ☐ -ne
   c ☐ -o

Anhängsel sind sehr anhänglich und wichtig – das A & O der nipponischen Syntax. Deshalb üben wir sie hier noch ein bisschen.
Kleiner Tipp: In der Kurzgrammatik am Ende dieses Buches sind sie alle aufgelistet.

4. Wie heißt das auf Japanisch?

1. Gute Besserung.
2. Guten Morgen.
3. Guten Abend.
4. Guten Tag.
5. Willkommen!
6. Wie war es?

Viele gute Wünsche und eine Frage. Das alles müssten Sie schon ausdrücken können. Wenn nicht, können Sie schummeln. Aber nicht erwischen lassen!

9

Rund um die Uhr

König Kunde
Allmorgendlich das gleiche Begrüßungsritual in den großen Kaufhäusern: Eine Reihe uniformierter Angestellter tritt an, verbeugt sich tief und bittet die ersten Kundinnen und Kunden herein: *Irasshaimase!* (Willkommen!)

König Staat
Waren werden in Japan ohne Mehrwertsteuer ausgepreist. Aber auf die Rechnung kommt sie trotzdem.

König Ladenschluss
o.shon.tsu stöhnt der Japaner, wenn er mal zu spät kommt und der Laden *oh, schon zu!* ist.

Ladenschlussgesetz? In Japan ein Fremdwort. Besonders am Wochenende rückt die ganze Familie zum Einkauf aus. Weder die großen Konsumpaläste noch kleine Läden können es sich leisten, samstags oder sonntags geschlossen zu bleiben.

Nachts um drei einen Bärenhunger? Nichts mehr zu essen und zu trinken im Kühlschrank, das Toilettenpapier zu Ende? Kein Problem! Der nächste *konbini* (24-Stunden-Laden) liegt bestimmt gleich um die Ecke. Öffnungszeiten kennt der nicht. Das Sortiment: Zeitschriften, Strümpfe, Kosmetika, Lebensmittel, Bürobedarf, Yoghurt und Reis-Cracker ... Nur Alkohol wird nicht in jedem *konbini* angeboten. Wer will, kann sogar die Strom-, Telefon- oder Gasrechnung hier bezahlen, das Prepaid-Handy aufladen oder ein Paket aufgeben.

Hanna ist durstig und will noch eine Flasche *orenji-jūsu* (Orangensaft) im *konbini* erstehen. Außerdem will sie ja noch irgendwann nach Kyōto und hätte gern schon vorab einen Stadtplan: *Kyōto.no chizu.ga ari.masu.ka?* (Haben Sie einen Plan von Kyōto?) Der freundliche junge Mann hinterm Tresen kramt so lange nach dem Stadtplan, bis er fündig wird.

Auf dem Rückweg kommt Hanna an einem *jidō-hanbaiki* (Automat) vorbei, da will sie sich noch schnell einen Kaffee ziehen. Etwas ratlos fingert sie an dem Kasten herum. Dabei lernt sie Ōta Hiroshi kennen, der weiß, wie so ein Automat funktioniert. Der sympathische Hiroshi weiß noch viel mehr und fragt gleich hinterher: *Anata. wa Doitsu.jin.desu.ka?* (Sind Sie Deutsche?)

Ikura.desu.ka?

9 A

1/38

sumimasen	Entschuldigung
chizu	Karte
chotto	ein bisschen (umgangssprachl.)
sagas.u/sagashi.masu	suchen
orenji-jūsu	Orangensaft
ni.hyaku	zweihundert
kudasai	bitte
wain	Wein
ur.u/uri.masu	verkaufen
mukai	gegenüber

● Sumimasen. Kyōto.no chizu.ga ari.masu.ka?	Entschuldigung, haben Sie eine Karte von Kyōto?
■ Chotto sagashi.masu. Hai, ari.mashita! Dōzo!	Ich suche ein bisschen. Ja, ich habe es! Bitte!
● Kono orenji-jūsu.wa ikura.desu.ka?	Dieser Orangensaft, was kostet's?
■ Ni.hyaku en.desu.	Das sind 200 Yen.
● Jā, kore.o kudasai!	Also, das bitte!
■ Hai.	Ja.
● Kono konbini.de wain.mo ut.te i.masu.ka?	Verkaufen Sie in diesem 24-Stunden-Laden auch Wein?
■ Koko.ni.wa ari.masen.ga … mukai.no konbini.ni.wa ari.masu.	Hier gibt es den nicht, aber … im 24-Stunden-Laden gegenüber gibt es ihn.
● Dōmo arigatō gozai.masu.	Vielen herzlichen Dank.

***-hyaku:* 100**
Verschmelzungen bei
300: *san.**byaku***
600: *ro**p.pyaku***
800: *ha**p.pyaku***

noch nicht abgeschlossen:
-te + i.masu

1. *-ru*-Gruppe
*deki.**ru*** → *deki.**te***
*tabe.**ru*** → *tabe.**te***
2. *-u*-Gruppe
a) ***-s*** → ***-shi.te***
*saga**s.u*** → *saga**shi.te***
b) ***-r*** → ***-t.te***
ur.u → ***ut.te***
ar.u → ***at.te***
*waka**r**.u* → *waka**t.te***
c) ***-a, -i, -o*** → ***-t.te***
*k**a**.u* → *ka**t.te***
*chig**a**.u* → *chiga**t.te***
i.u → ***it.te***
*om**o**.u* → *omo**t.te***
d) ***-m*** → ***-n.de***
*no**m**.u* → *no**n.de***
e) ***-k*** → ***-i.te***
*ugo**k**.u* → *ugo**i.te***
f) unregelmäßig:
ik.u → ***it.te***
3. *-uru*-Gruppe
*s.**uru*** → ***shi.te***
*k.**uru*** → ***ki.te***

Verneinung
-masen statt ***-masu***
ari.masu: es gibt
*ari.**masen**:* es gibt **nicht**

***kudasai:* bitte!**
Was ich erbitte, steht mit ***-o***:
*kore.**o** kudasai:* das bitte!
*jūsu.**o** kudasai:* Saft bitte!

Übungen

Fragen Sie und folgen Sie dabei dem Schema. Jetzt brauchen Sie nur noch die Antwort zu verstehen.

1. Was kostet ...?

1/39

*Kono **orenji-jūsu**.wa ikura.desu.ka?*

1. orenji-jūsu
2. sandoichi
3. shinbun
4. sake
5. wain
6. kusuri

1. Zahl (Hunderter)
2. *-hyaku* (100)
3. Zahl (Zehner)
4. *jū* (10)
5. Zahl (Einer)

Siedepunkt bei 300, 600 und 800 Grad. Da verschmelzen die Hunderter.

2. Ab 100 Yen aufwärts

Hyaku.en

1. 100 Yen
2. 200 Yen
3. 300 Yen
4. 400 Yen
5. 440 Yen
6. 550 Yen
7. 660 Yen
8. 777 Yen
9. 888 Yen
10. 999 Yen

Das Zauberwörtchen hilft beim Bestellen und Kaufen.

3. Bitte!

***Orenji-jūsu**.o kudasai!*

1. Orangensaft
2. Wein
3. eine Karte von Tōkyō
4. die Yomiuri-Zeitung
5. eine Rückfahrkarte
6. eine Shinkansen-Fahrkarte

Beweisen Sie, dass Sie kein Abnicker sind: erst die *-masu*-Form bilden, dann durch *-masen* ersetzen.

4. Wieder mal nein sagen

1/40

*ari.**masen***

1. ar.u
2. tabe.ru
3. nom.u
4. i.ru
5. wakar.u
6. ur.u

Geht es Ihnen schlecht? Wir wünschen *o.daiji.ni!*

5. Was heißt denn hier bitte was?

1. Sumimasen!
2. Kore.o kudasai!
3. Dōzo!
4. O.hayō gozai.masu!
5. O.daiji.ni!

a ☐ Gute Besserung!
b ☐ Bitte!
c ☐ Guten Morgen!
d ☐ Entschuldigung!
e ☐ Das bitte!

Hotto-kōhī

1/41

jidō-hanbaiki	Automat
tsukai-kata	Handhabung
hoshi.i	mögen, wünschen
hotto-kōhī	heißer Kaffee
miruku	Milch
satō	Zucker
kekkō.desu	es ist genug
īe, kekkō.desu	nein, danke
botan	Knopf, Taste
os.u/oshi.masu	drücken
dōitashimashite	gern geschehen
anata	du/Sie

● Sumimasen.	Entschuldigung.
■ Nan.desu.ka?	Was ist?
● Kono jidō-hanbaiki.no tsukai-kata.ga wakari.masen.	Ich verstehe nicht die Handhabung dieses Automaten.
■ Nani.ga hoshi.i.desu.ka?	Was möchten Sie?
● Hotto-kōhī.ga hoshi.i.desu.	Ich möchte heißen Kaffee.
■ Miruku.to satō.wa dō.desu.ka?	Wie ist es mit Milch und Zucker?
● Īe, kekkō.desu.	Nein, danke.
■ Jā, kono botan.o oshi.te kudasai.	Also, dann drücken Sie bitte diese Taste.
● Dōmo arigatō gozai.masu.	Vielen herzlichen Dank.
■ Dōitashimashite. Sumimasen, watashi.mo shitsumon.ga arimasu.	Gern geschehen. Entschuldigung, ich habe auch eine Frage.
● Nan.desu.ka?	Was ist es?
■ Anata.wa Doitsu.jin.desu.ka?	Sind Sie Deutsche?
● Hai, sō.desu.	Ja, so ist es.

ich möchte haben ...
-ga hoshi.i:
*kōhī.**ga hoshi.i**.desu:*
ich **möchte** Kaffee
*botoru.**ga hoshi.i**:*
ich **möchte** eine Flasche

Befehlsform
Tätigkeitswort in der
-te*-Form** + ***kudasai
*oshi.masu: oshi.**te***
oshi.te kudasai!: bitte drücken! / drücken Sie / drück!

*nom.u: non.**de***
*non.**de kudasai***: bitte trinken / trinken Sie / trink!

*tabe.ru: tabe.**te***
*tabe.**te kudasai***: bitte essen / essen Sie / iss!

***-jin:* Bewohner eines Landes**
*Doitsu.**jin***: Deutsche/-r
*Nihon.**jin***: Japaner/-in
*Amerika.**jin***: Amerikaner/-in

-mo = auch
*watashi.**mo***: **auch** ich
*anata.**mo***: **auch** Du

Übungen

Keine falsche Bescheidenheit. Wünsche *(hoshi.i.desu)*, stehen mit *-ga*.

1. Ich möchte ...

1/42

Hotto-kōhī*.ga hoshi.i.desu.*

1. hotto-kōhī
2. Shinkansen.no jōshaken
3. oishi.i wain
4. kirei.na hana

Einfach die Wörter anhören und nachplappern.

2. Schwierige Wörter

1/43

1. jidō-hanbaiki
2. tsukai-kata
3. dōitashimashite
4. kata-michi-kippu
5. o.hayō gozai.masu
6. jōshaken

Was gehört hier zusammen? Und wie verbinden Japaner solche Paare? Die Schlauen haben's heimlich schon geahnt: mit *-to!* (siehe S. 27)

3. Milch und Zucker

satō*.to miruku*

1. satō
2. ōfuku
3. bīru
4. sushi

a ☐ wain
b ☐ sashimi
c ☐ miruku
d ☐ katamichi

Bitte die *-te*-Form bilden plus *kudasai*. So funktioniert die höfliche Aufforderung. (Seite 61 hilft)

4. Tun Sie das bitte!

oshi*.te kudasai!*

1. os.u
2. tabe.ru
3. nom.u
4. ugok.u
5. k.uru
6. ik.u

hyaku-en: **100 Yen**
1. *hyaku:* die Zahl hundert
2. *en,* Zähleinheit für Yen, bedeutet auch „Kreis".

5. Kanji

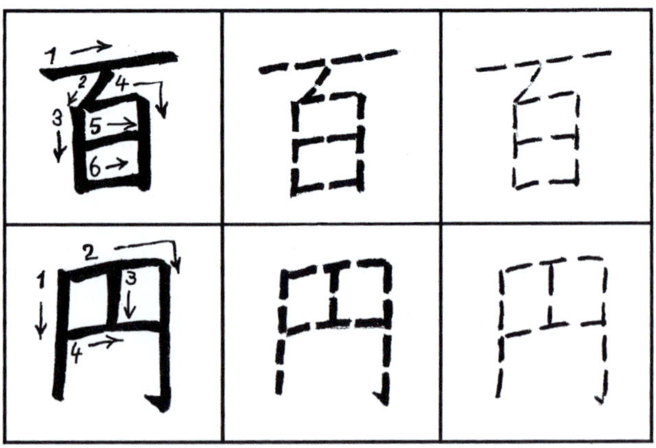

Automatische Verkaufsmaschinen

Japan und seine *jidō-hanbai-ki* (automatische Verkaufs-Maschinen): Automaten stehen an jeder Ecke und meist im halben Dutzend, mindestens. Tee oder Kaffee, heiß oder kalt, mit oder ohne Milch und Zucker, isotonische Drinks, die Klassiker Cola, Fanta, Sprite, Orangensaft kommen im Land der aufgehenden Sonne aus dem Schacht gerumpelt. Am *jidō-hanbaiki* werden aber auch Zeitschriften, *manga* (Comics), Strumpfhosen für die *ōeru* (OL = office lady = Büroangestellte), Guthabenkarten für das Handy, Eis oder heiße (!) Instantnudeln verkauft. Die Nachfrage bestimmt das Angebot der Selbstbedienungsmaschinen: Im Winter werden die eisgekühlten Getränke durch heiße ausgetauscht; Vorsicht, an den heißen Dosen verbrennt man sich leicht die Finger!
Einen Haken gibt es im Serviceland Japan aber doch: Geldautomaten haben oft Öffnungszeiten. Nach Schalterschluss sind sie zwar noch ein paar Stunden zugänglich, über Nacht oder an Sonn- und Feiertagen bleibt dem Kunden allerdings das schnelle Geld verwehrt. Glücklich kann sich schätzen, wer eine Kreditkarte besitzt. Automaten, die Banknoten mittels Visa oder American Express ausgeben, tun ihren Dienst rund um die Uhr. Der Haken an der Sache: Einen solchen Automaten muss man erst einmal auftreiben.

Umweltbewusstsein?
Fehlanzeige! Viele, viele Dosen werden jedes Jahr an Automaten und anderswo verkauft. Pfandflaschen? Negativ! Außerdem sind die Japaner Verpackungskünstler. Getrennt wird der Müll nach *mo.e.nai* (nicht brennbar) oder *mo.e.ru* (brennbar, z. B. Plastik). Die japanische Lösung für die Entsorgung: Der Müll wird in der Bucht von Tōkyō aufgeschüttet und Häuser darauf gebaut; „Schöner Wohnen" nennt sich dann *Yume.no shima* (Trauminsel).

10

Können wir uns treffen?

Konformität
Schon im Kindergarten tragen die Kleinsten alle die gleichen Mützchen, Röcke, Hosen. Danach kommt die Schuluniform. Die Universität bringt eine kurze Auszeit, bevor die Frauen in der Firma entweder wieder uniforme Kostüme oder zumindest solche in gedeckten Farben tragen. Feinstrumpfhose? Auch im Hochsommer Pflicht! Die Herren treten in dunklen Anzügen mit Krawatte an. Im Zeichen des Klimawandels werden mittlerweile im schwül-heißen Sommer Innenräume nicht mehr ganz so stark heruntergekühlt. Dann darf offiziell auf die Krawatte verzichtet werden.

Ausländerbonus
Für *gaijin* (*gaikoku.jin* = Ausländer) gelten diese Regeln nicht; sie stehen eh außerhalb der japanischen Gesellschaft.

Es ist gar nicht so einfach, sich mit Japanern zu verabreden. Das weiß auch Hanna. Schon bei ihrem ersten Aufenthalt war es immer schwierig, mehrere Leute unter einen Hut zu bringen. Ein klares „Nein" – *muri* (unmöglich) – kann man seinem Gegenüber nicht zumuten. Ziel der Verhandlung ist immer ein von allen Beteiligten akzeptierter Konsens. Hannas Strategie: sich aus solchen Beratungen heraus halten. Sie hat einmal zu sehr insistiert, worauf eine Freundin ihr im Vertrauen steckte, sie störe so die *wa* (Harmonie) der Gruppe.
Also macht sich Hanna auf ein anstrengendes Gespräch gefasst, als sie ihren neuen Bekannten Ōta Hiroshi anruft, um sich zu verabreden: *Moshi, moshi, Ōta.san.desu.ka?* (Hallo, ist dort Ōta?)
Hanna ist überrascht. Bei ihrer „Automatenbekanntschaft" scheint es sich um einen ungewöhnlich direkten Typ zu handeln. Er gibt seiner Freude über den Anruf laut Ausdruck: *Yā! Konnichiwa!* (Hey! Guten Tag!) Aber auch er vermeidet es, deutlich zu sagen, dass es ihm am *nichi.yōbi* (Sonntag) überhaupt nicht passt: *Chotto muri.desu* (Es ist ein bisschen unmöglich). Auf die Zwischentöne kommt es eben an.
Auch mit ihrem Anruf bei Tetsu, dem Journalisten, den Hanna während des Fluges nach Tōkyō kennen gelernt hat, hat sie Glück. Gleich der erste Versuch, sich am *sui.yōbi* (Mittwoch) zu verabreden, klappt: *Hai, gozen.chū jikan.ga ari.masu.* (Ja, vormittags habe ich Zeit.)

Itsu a.e.masu.ka?

10 A

1/44

kochira	hier
yā!	hey!
kondo	diesmal
a.u/ai.masu	treffen
nichi.yōbi	Sonntag
do.yōbi	Samstag
gogo	Nachmittag
nan.ji?	um wie viel Uhr?
san.ji	drei Uhr
Hachikō	Name einer Hundestatue
mae	vor

● Moshi, moshi, Ōta.san.desu.ka?	Hallo, ist dort Ōta?
■ Hai, sō.desu.	Ja, so ist es.
● Kochira.wa Hanna.desu.	Hier ist Hanna.
■ Yā! Konnichiwa!	Hey! Guten Tag!
● Genki.desu.ka?	Geht's dir gut?
■ Hai, genki.desu. Kondo itsu a.e.masu.ka?	Ja, mir geht's gut. Wann können wir uns diesmal treffen?
● Sō.desu.ne. Nichi.yōbi.wa dō.desu.ka?	Ja, also. Wie ist es am Sonntag?
■ Chotto muri.desu.	Das ist ein bisschen unmöglich.
● Do.yōbi.no gogo.wa dō. desu.ka?	Am Samstagnachmittag, wie ist das?
■ Hai, i.i.desu. Nan.ji.ni?	Ja, das ist gut. Um wie viel Uhr?
● San.ji.ni. Doko.de ai.masu.ka?	Um drei Uhr. Wo treffen wir uns?
■ Hachikō.no mae.wa dō.desu.ka?	Vor dem Hachikō, wie ist das?
● Sō shi.mashō!	Machen wir es so!

Wochentage: *-yōbi*
Auch im Japanischen nach der Natur benannt:

getsu.yōbi:	Montag (Mond-Tag)
ka.yōbi:	Dienstag (Feuer-Tag)
sui.yōbi:	Mittwoch (Wasser-Tag)
moku.yōbi:	Donnerstag (Holz-Tag)
kin.yōbi:	Freitag (Gold-Tag)
do.yōbi:	Samstag (Erd-Tag)
nichi.yōbi:	Sonntag (Sonnen-Tag)

können
Tätigkeitswörter der *-u*-Gruppe (*-u* streichen) + ***-e.ru:***
a.u: treffen
*a.**e.ru**:* treffen **können**
ka.u: kaufen
*ka.**e.ru**:* kaufen **können**
Das Endprodukt funktioniert wie ein Tätigkeitswort der *-ru*-Gruppe
a.e.ru > *a.e.**masu***

Ort + ***-no*** + ***mae:***
vor eben diesem Ort
*Hachikō.**no mae**:*
vor dem Hachikō
*konbini.**no mae**:*
vor dem 24-Stunden-Laden

Ebenso funktioniert *mukai:*
-no + ***mukai*: gegenüber**
*daigaku.**no mukai**:*
gegenüber der Universität

kondo: „diesmal" im Sinne von „das nächste Mal"

Übungen

Orte genauer bestimmen: *mae* (vor) und *mukai* (gegenüber). Sorgen Sie für Klarheit und räumen Sie auf.

1. Vor und gegenüber

Hachikō.no mae

1. mae – Hachikō – -no
2. Hachikō – mukai – -no
3. -no – daigaku – mae
4. mukai – -no – konbini
5. mae – hoteru – -no
6. jidō-hanbaiki – mukai – -no

Setzen Sie die Tätigkeitswörter mit *-e.ru* in die „können"-Form.
Es geht um treffen, kaufen, denken, sich bewegen, sagen, trinken.

2. Sind Sie noch immer ein „Könner"?

a.e.ru

1. a.u
2. ka.u
3. omo.u
4. ugok.u
5. i.u
6. nom.u

Viele Fragen von S. 67.

3. Genau hinhören, genau nachplappern

▶ 1/45

1. Kondo itsu a.e.masu.ka?
2. Do.yōbi.no gogo.wa dō.desu.ka?
3. Nan.ji.ni?
4. Doko.de ai.masu.ka?
5. Hachikō.no mae.wa dō.desu.ka?

Bitte die Antwort auf die Frage: *Doko.de ai.masu.ka?* Antwort 5 und 6 sind ein bisschen intimere Orte …

4. Wo treffen wir uns?

Sō.desu.ne. ***Hachikō.no.mae****.wa dō.desu.ka?*

1. Hachikō.no.mae
2. daigaku.no.mae
3. konbini.no.mae
4. hoteru.no.mae
5. hoteru.no.heya
6. watashi.no.heya
7. kissaten
8. izakaya

Damit Sie Ihr Gegenüber mit Fragen löchern können, hier eine kleine Übersetzungsübung zum Nachhaken.

5. Ein Treffen?

Nan.ji.ni a.e.masu.ka?

1. Um wie viel Uhr können wir uns treffen?
2. Wo können wir uns treffen?
3. Wann können wir uns treffen?
4. Können wir uns am Samstag treffen?

Omoi-dashi.mashita!

1/46

hikōki	Flugzeug
shiri-a.u/shiri-ai.masu	kennen lernen
ā!	ah!
omoi-das.u/omoi-dashi.masu	sich erinnern
ima	jetzt
itsu.ka	irgendwann
mochiron	selbstverständlich, natürlich
konshū	diese Woche
sui.yōbi	Mittwoch
gozen.chū	während des Vormittags
jikan	Zeit
Yomiuri-shinbun.sha	Yomiuri-Zeitungsverlag

■ Moshi, moshi?!	Hallo?!
● Ōkazaki.san.desu.ka?	Ist dort Ōkazaki?
■ Hai, sō.desu.	Ja, so ist es.
● Kochira.wa Hanna.desu.	Hier ist Hanna.
■ Ē?	Hä?
● Sukoshi mae.ni hikōki.de shiri-ai.mashita.	Ein bisschen vorher haben wir uns im Flugzeug kennen gelernt.
■ Ā, omoi-dashi.mashita! Ima doko.ni i.masu.ka?	Ah, ich habe mich erinnert! Wo bist du jetzt?
● Tōkyō.ni i.masu. Itsu.ka a.e.masu.ka?	Ich bin in Tōkyō. Können wir uns irgendwann treffen?
■ Hai, mochiron! Konshū.no sui.yōbi.wa dō.desu.ka?	Ja, natürlich! Diese Woche Mittwoch, wie ist es?
● Hai, gozen.chū jikan.ga ari.masu.	Ja, während des Vormittags habe ich Zeit.
■ Jā, Yomiuri-shinbun.sha.ni ki.te kudasai!	Also, komm in den Yomiuri-Zeitungsverlag, bitte!
● Hai, wakari.mashita.	Ja, ich habe verstanden.

Zusammengesetzte Tätigkeitswörter
shiri-a.u = shiri(.masu): kennen + *a.u:* treffen = kennen lernen

omoi-das.u = omoi(.masu): denken + *das.u:* herausgeben = sich erinnern

***-sha* = Firma**
shinbun: Zeitung
shinbun.sha: Zeitungsfirma = Zeitungsverlag

Zur Unterscheidung von Ortsangaben
-de: der Ort, an dem man etwas tut
-ni: der Ort, zu dem man sich bewegt

Wochentage: auch mit ***-ni***
*nichi.yōbi.**ni**:* **am** Sonntag
*getsu.yōbi.**ni**:* **am** Montag

Zur Wiederholung:
Fragewort + ***-ka*** = irgend
*itsu.**ka**:* irgendwann
*nani.**ka**:* irgendwas
*doko.**ka**:* irgendwo

Übungen

Antworten Sie auf die Frage *Itsu a.e.masu.ka?* Mögliche Antwort: So, Mo, Di, Mi, Do, ... oder „heute". (Erinnern Sie sich an das Kinderlied mit Kniebeugen: Laurenzia, liebe Laurenzia mein, wann können wir wieder beisammen sein? So, Mo ...)

1. An welchem Tag?

▶ 1/47

Sō.desu.ne. ***Nichi.yōbi****.wa dō.desu.ka?*

1. nichi.yōbi
2. getsu.yōbi
3. ka.yōbi
4. sui.yōbi
5. moku.yōbi
6. kin.yōbi
7. do.yōbi
8. kyō

Wer „a" sagt, soll hier nicht „b" sagen. Und umgekehrt.

2. Welche Erwiderung passt?

1. Ima doko.ni i.masu.ka?
   a ☐ Hai, i.masu.
   b ☐ Doitsu.ni i.masu.
2. Itsu.ka a.e.masu.ka?
   a ☐ Hai, a.e.masu.
   b ☐ Hai, wakari.mashita.
3. Itsu a.e.masu.ka?
   a ☐ Hai, a.e.masu.
   b ☐ Kyō a.e.masu.
4. Konshū.no suiyō.bi.wa dō.desu.ka?
   a ☐ Chotto muri.desu.
   b ☐ Hai, sō desu.

Antworten Sie elegant und eloquent auf die Frage *Nan. ji.ni ai.masu.ka?*

3. Wie wär's um ein Uhr?

Sō.desu.ne. ***Ichi.ji****.wa dō.desu.ka?*

1. 1 Uhr
2. 2 Uhr
3. 3 Uhr
4. 4 Uhr
5. 5 Uhr
6. 6 Uhr
7. 7 Uhr
8. 8 Uhr

Wasser und Erde

1. *sui* = Wasser
   Allein auch *mizu* gelesen.
   sui-yō-bi bzw. *hi* (Tag) = Wassertag = Mittwoch
2. *do* = Erde
   Allein auch *tsuchi* (= Erde/Boden/Grund) gelesen.

do-yō-bi = Erdtag = Samstag

bi bzw. *hi* (=Tag) kennen Sie schon aus Lektion 6.

4. Kanji

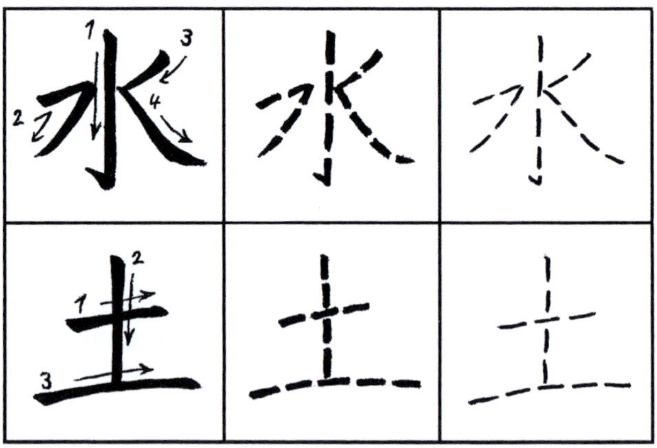

Von Treue und Ergebenheit

10

Es war einmal ein Mann, der hatte einen Hund namens Hachikō. Hachikō begleitete sein Herrchen jeden Morgen zum Bahnhof von Shibuya, einem Stadtteil von Tōkyō, wo er in den Zug stieg, um zur Arbeit zu fahren. In der Zwischenzeit wartete der treue Hachikō vor dem Bahnhof auf die Rückkehr seines Herren. Eines Tages aber kam der nicht mehr zurück. Der Hund saß weiter vor dem Bahnhof und wartete und wartete. Ob dieser Treue setzten ihm die Menschen eben dort ein Denkmal, das heute wohl der berühmteste Treffpunkt Japans ist. Vor der Bronzestatue des kleinen Hachikō tummeln sich zu jeder Tages- und Nachtzeit Menschen, die Menschen treffen oder einfach nur den berühmten Treffpunkt sehen wollen. Ausländer begrüßen sich in herzlicher Umarmung, Japaner eilen trippelnden Schrittes aufeinander zu und verbeugen sich zur Begrüßung höflich voreinander. Junge Liebespaare küssen sich schüchtern, und einsame Herzen warten weiter – und mit ihnen Hachikō. Treue und Ergebenheit spielen auch eine Rolle in der Geschichte der 47 *samurai* (Krieger). Ihr Gebieter Asano Naganori (1665–1701), *daimyō* (Fürst) von Akō, hatte sich von einem Beamten am Hof des *shōgun* (Militärherrscher) provozieren lassen und sein Schwert gezogen, was verboten war mit nur einer Konsequenz: *seppuku* (ritueller Selbstmord). Seine Gefolgsleute, 47 Samurai, nunmehr *rōnin* (herrenlose Samurai) ruhten nicht eher, bis sie eben jenen Beamten getötet und ihren Herren gerächt hatten. Auch für sie blieb nur ein Weg: der ehrenvolle *seppuku*. Sie wurden im *Sengaku.ji* (Sengaku-Tempel) im Tōkyōter Stadtviertel Takanawa bestattet. Zu ihren Gräbern pilgern noch heute vor allem Japanerinnen, die Räucherstäbchen anzünden und das Schicksal der tapferen, treuen Männer betrauern.

seppuku
Bei uns unter dem Begriff *harakiri* bekannt, allerdings eine falsche Lesung der chinesischen Schriftzeichen *(kanji)*. Deshalb verbindet ein Japaner mit dem Wort *harakiri* (wörtlich den Bauch – *hara* – das Schneiden – *kiri*) nicht unbedingt den rituellen Selbstmord.
Zur Vorgehensweise: Der Selbstmörder kniet nieder, schneidet sich den Bauch auf, und im Moment der größten Pein darf ein Adjutant ihm den Kopf abschlagen, um ihn von seinen Qualen zu befreien. Seine Ehre ist gerettet! Der letzte berühmte *seppuku*-Held: Schriftsteller Mishima Yukio (1925–1970).

11

Wohin möchten Sie?

Mögliche Reaktionen auf die Frage nach dem Weg:

1. Oh Schreck, ein Ausländer spricht mich an! *Donto andastando,* siehe Hannas Begegnung.
2. Der Angesprochene sagt immer nur *hai, hai,* (ja, ja), was dann so viel heißt wie „ich höre zu", nicht aber „Ja, ich kenne den Weg und Sie sind hier richtig".
3. Eine Antwort in mehr oder weniger gebrochenem Englisch – endlich ein Ausländer, an dem man sich versuchen kann.
4. Man wird an die Hand genommen und bis vor die Haustür begleitet.
5. Eine normale Antwort in normalem Japanisch, die einem den Weg weist.

Hanna ist auf dem Weg zu ihrer Verabredung mit *Ōta.san*. Sie steht vor dem Fahrkartenautomat im Bahnhof *Ginza* und fühlt sich angesichts des Riesen-U-Bahn-Netzes überfordert: alles ist mit *kanji*-Zeichen geschrieben. Sie spricht einen jungen Mann an, der ihr weiterhilft: *Ima Ginza – dakara Ebisu.made kat.te kudasai.* (Hier ist Ginza – also kaufen Sie bis Ebisu, bitte.) Von Ebisu geht es mit der Ringbahn, der *Yamanote.sen* (Yamanote-Linie) bis Shibuya weiter: *Nori-kae.desu.ne.* (Umsteigen, nicht wahr?)

Am Riesenbahnhof von Shibuya angekommen, steht sie verloren auf dem Bahnsteig herum. Sie sucht nach dem richtigen Ausgang zum Hachikō und spricht einen älteren Herren an: *Sumimasen* (Entschuldigung). Der sieht die Ausländerin entsetzt an und antwortet nur: *Donto andastando*, was so viel heißen soll wie „I don't understand". „Typisch", denkt Hanna, „der geht davon aus, dass ich gerade Englisch gesprochen habe."

Versuch Nummer zwei: Diesmal ein junger Japaner, die können besser mit *gaijin* (Ausländern) umgehen, glaubt Hanna. *Sumimasen, Hachikō.no tokoro.ni iki.tai.desu.* (Entschuldigung, ich möchte zum Hachikō-Platz gehen.) Der junge Mann versteht sofort ihr Anliegen und erklärt freundlich den Weg: Die Treppe runter und dann rechts. Und der Name des Ausgangs? *Hachikō-guchi.desu.* (Das ist der Hachikō-Ausgang.) Hätte sie sich auch denken können. *Kantan. desu.ne.* (Das ist einfach, ne?) Mit einer kleinen Verbeugung bedankt sie sich herzlich. Die Erwiderung kommt prompt: *Dōitashimashite* (Gern geschehen).

Nori-kae.desu.ne?

11 A

2/1

chikatetsu	U-Bahn
Shibuya	Stadtteil von Tōkyō
Ginza	Tōkyōter Einkaufstraße/ Bahnhof
dakara	also
Ebisu	U-Bahn-Station in Tōkyō
sorekara	dann
onaji	gleich
sen	Linie
a sō.desu.ka?	ach, so ist das?
nori-kae	das Umsteigen

● Sumimasen.	Entschuldigung.
■ Hai, nan.desu.ka?	Ja, was ist es?
● Chikatetsu.no kippu.o kai.tai.desu.	Ich möchte eine U-Bahn-Fahrkarte kaufen.
■ Doko.ni iki.tai.desu.ka?	Wohin möchten Sie fahren?
● Shibuya.ni iki.tai.desu.	Ich möchte nach Shibuya fahren.
■ Ima Ginza – dakara Ebisu. made kat.te kudasai.	Hier ist Ginza – also kaufen Sie bis Ebisu, bitte.
● Hai, wakari.mashita.	Ja, ich habe verstanden.
■ Sorekara Ebisu.kara Shibuya. made kat.te kudasai.	Dann kaufen Sie von Ebisu bis Shibuya, bitte.
● Onaji sen.desu.ka?	Ist das die gleiche Linie?
■ Īe, chigai.masu. Yamanote.sen.desu.	Nein, falsch. Das ist die Yamanote-Linie.
● A sō.desu.ka? Nori-kae.desu.ne.	Ach so ist das? Umsteigen, nicht wahr?
■ Hai, sō.desu.	Ja, so ist es.

***-kara ... -made:* von ... bis**
*Ebisu.**kara** Shibuya.**made**:*
von Ebisu **bis** Shibuya
*Tōkyō.**kara** Kyōto.**made**:*
von Tōkyō **bis** Kyōto

Danksagungen
dōmo oder arigatō: danke (zu guten Freunden)
dōmo arigatō: danke schön (unter Freunden/Bekannten)
arigatō gozai.masu: vielen Dank (höflich, zu Fremden)
dōmo arigatō gozai.masu: vielen herzlichen Dank (zu Fremden, sehr höflich-bescheiden)

nori-kae: das Umsteigen (Hauptwort) kommt vom Tätigkeitswort ***nori-kae.ru:*** umsteigen.

11 A

Übungen

Sie möchten alles Mögliche kaufen, von der Fahrkarte über die Zeitung bis hin zum Stadtplan. Ja? Dann müssen Sie das auch ausdrücken.

1. Ich möchte kaufen

***Chikatetsu.no.kippu**.o kai.tai.desu.*

1. chikatetsu.no kippu
2. shinkansen.no kippu
3. Doitsu.no shinbun
4. Nihon.no shinbun
5. Kyōto.no chizu

Werden Sie Zen-Meister am grünen Schalter. Der ist für die staatlichen Fahrscheine. Die Übung ist dann auch auf andere Schalter übertragbar.

2. Besorgen Sie Fahrkarten

2/2

***Chikatetsu.no.kippu**.o kat.te.kudasai.*

1. chikatetsu.no kippu
2. kata-michi.no kippu
3. ōfuku.no kippu
4. nori-kae.no kippu
5. onaji kippu

Doppelte Übung:
1. mündlich zum Nachsprechen
2. schriftlich zum Übersetzen und Vergleichen mit dem Schlüssel.

3. Entschuldigung

2/3

1. Sumimasen.
2. A sō.desu.ka?
3. Īe, chigai.masu.
4. Dōmo arigatō gozai.masu.
5. Daijōbu.desu.

von = *-kara*
bis = *-made*
Der Wiener Lyriker Ernst Jandl formulierte die Übung so: *von-von-zum-zum und zurück.*

4. Von Ebisu bis Shibuya

***Ebisu**.kara **Shibuya**.made*

1. Ebisu – Shibuya
2. Ginza – Ikebukuro
3. Tōkyō – Kyōto
4. Nihon – Amerika
5. Doitsu – Nihon

Hier ist einiges durcheinander geraten. Sortieren Sie die Sätze so, dass ein sinnvoller Dialog entsteht.

5. Die richtige Reihenfolge bitte

1. Doko.ni iki.tai.desu.ka?
2. Chikatetsu.no kippu.o kai.tai.desu.
3. Sumimasen.
4. Hai, wakari.mashita.
5. Hai, nan.desu.ka?
6. Shibuya.ni iki.tai.desu.

Deguchi.no namae

▶ 2/4

tokoro	Ort, Platz
asoko	dort drüben
kaidan	Treppe
ori.ru/ori.masu	hinuntergehen
migi	rechts
deguchi	Ausgang
Hachikō-guchi	Hachikō-Ausgang
de.ru/de.masu	hinausgehen
hidari	links
kantan	einfach

● Sumimasen, Hachikō.no tokoro.ni iki.tai.desu.	Entschuldigung, ich möchte zum Hachikō-Platz gehen.
■ Jā, asoko.no kaidan.o ori.te kudasai.	Also, gehen Sie die Treppe dort drüben hinunter, bitte.
● Hai.	Ja.
■ Sorekara migi.ni it.te kudasai.	Von dort gehen Sie bitte nach rechts.
● Deguchi.no namae.wa nan.desu.ka?	Wie ist der Name des Ausgangs?
■ Hachikō-guchi.desu.	Das ist der Hachikō-Ausgang.
● Hai, wakari.mashita.	Ja, ich habe verstanden.
■ Eki.o de.ru.to, Hachikō.wa hidari.desu.	Wenn Sie den Bahnhof verlassen, ist der Hachikō links.
● Kantan.desu.ne. Dōmo arigatō gozaimasu.	Das ist einfach, ne. Vielen herzlichen Dank.
■ Dōitashimashite.	Gern geschehen.

Hachikō.no tokoro: *Hachikō* allein wird mehr als Figur denn als ein Ort verstanden, deshalb wird das Wort *tokoro* (Ort, Platz) nachgestellt und mit *-no* verbunden.

-to: wenn
im Sinn von „wenn man A tut, passiert folglich B". Davor stehen Tätigkeitswörter in der Wörterbuchform.
*eki.o de.ru.**to**, Hachikō.wa hidari.desu:*
Wenn man den Bahnhof verlässt, ist der *Hachikō* links.

deguchi	Ausgang
iriguchi	Eingang
guchi	Ein- und Ausgang

Übungen

Die Übung für Pfadfinder. Mit der richtigen Anweisung kommt jeder zum Ziel.

1. Mal nach links, mal nach rechts

***Migi**.ni it.te kudasai.*

1. migi
2. hidari
3. asoko
4. deguchi
5. kaidan
6. Hachikō.no mae

Bilden Sie Sätze nach Schema F. Kennen Sie nicht? Ganz einfach!!! Verbinden Sie mit: *-o de.ru.to, …*

2. Wenn man den Bahnhof verlässt …

***Eki**.o de.ruto, **Hachikō**.wa **hidari**.desu.*

1. eki – Hachikō – hidari
2. kissaten – eki – hidari
3. izakaya – kissaten – migi
4. konbini – izakaya – migi
5. hoteru – konbini – mae
6. shinbun.sha – hoteru – mae

Zuordnungsübung: Das eine Wort bestimmt das andere näher. Welches ist welches? Länder zuerst, Verbindung durch *-no*.

3. Ein japanischer 24-Stunden-Laden

Nihon**.no **konbini

1. Nihon – konbini
2. shinbun – Amerika
3. chizu – Furansu
4. benkyō – chūgakkō

Anhören und höflich nachplappern; *kantan. desu.ne*, oder?

4. Entschuldigung

2/5

1. Sumimasen.
2. Hai, nan.desu.ka?
3. Eki.ni iki.tai.desu.
4. Sorekara migi.ni it.te kudasai.
5. Kantan.desu.ne.
6. Dōmo arigatō gozai.masu.

***de-guchi:* Ausgang**

1. *de* (steht nie allein), hat zu tun mit *de.ru* = hinausgehen.
2. *kuchi* allein = Mund

5. Kanji

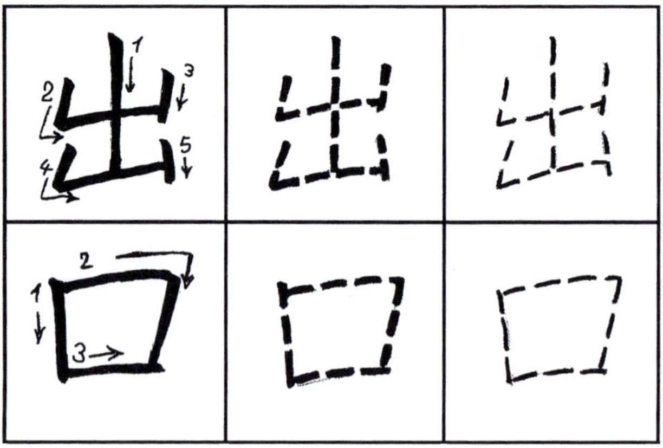

Nahverkehr

11

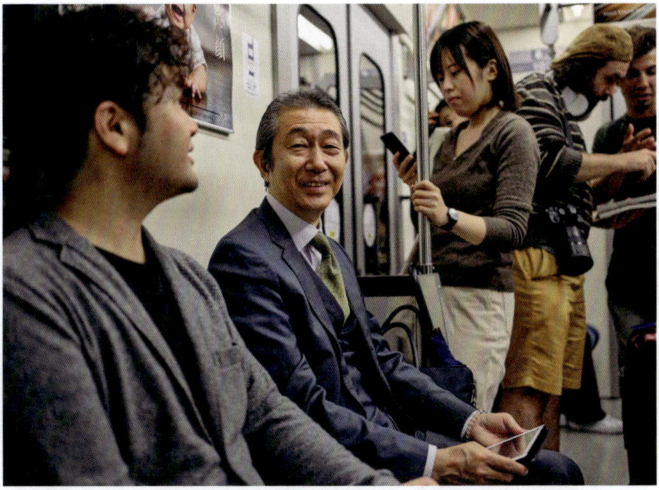

Man sollte sich nicht abschrecken lassen von den bekannten Bildern uniformierter Männer mit weißen Handschuhen, die Menschenmassen in Züge stopfen. Dieses Spektakel ereignet sich nur zweimal täglich zu den Stoßzeiten und auf einigen wenigen Strecken. Ansonsten ist U- und S-Bahn-Fahren in Tōkyō und anderen japanischen Metropolen eine angenehme Sache. Die Züge verkehren so oft und pünktlich, die Bahnhöfe liegen so dicht beieinander, dass auch Japaner gern ihr Auto stehen lassen – zumal in Tōkyō, wo ausgeprägter Parkplatzmangel herrscht. Keine aufgeschlitzten Sitze, keine beschmierten Wände, keine pöbelnden, aufdringlichen Männer, auch nicht zu fortgeschrittener Stunde, keine rüpelhaften Jugendlichen, die ihre Schuhe auf die Sitze legen. Auch Ausländer ohne Japanischkenntnisse überleben: Die Namen der Bahnhöfe sind in *kanji* und in lateinischer Schrift ausgewiesen. Wer nicht mehr weiterweiß, kann das Personal befragen – am Eingang zu den Linien sitzt immer eine Aufsichtsperson. Dort wird auch nachgezahlt, wenn das gekaufte Ticket nicht gereicht hat. Merken wird das, wer am Ende der Fahrt in der Sperre stecken bleibt. Die geht dann nämlich mit einem lauten Fiepen zu. Vorsicht, Ausländerfalle. Das Ticket unbedingt bis zum Ende der Fahrt behalten; in den Zügen selbst wird nicht kontrolliert. Und noch eine Überraschung: gegen 24 Uhr stellen sämtliche Linien den Verkehr ein, und danach verkehren auch keine Nachtbusse! Als einzige Alternative bleibt das Taxi. An den Taxiständen vor den Bahnhöfen bilden sich um diese Zeit lange Schlangen.

Im U- und S-Bahn-Netz kann man sich gut orientieren. Schwierig wird es, wenn man versucht, Häuser zu finden. Die werden nicht wie bei uns der Reihe nach durchnummeriert, sondern in der Reihenfolge ihres Baus: Nummer eins von 1957 neben Nummer 17 von 1986 – chaotisch. Da hilft nur eins: sich einen Lageplan zeichnen oder einen Link zu einer Karte mit der Lage aufs Handy schicken lassen, um den Weg zu finden. Hilft auch, wenn man ein Taxi nimmt, um die Adresse dem Fahrer zu zeigen. Das machen auch Japaner so.

12

Steuerfreier Einkauf

Hi-Tech?
Deckel auf, Reis und Wasser rein, Deckel zu, anschalten und warten, bis der Reis fertig ist – in keinem Haushalt darf der vollautomatische Reiskocher *(suihanki)* fehlen. Dafür stammen die Waschmaschinen aus der Steinzeit. Funktionsweise dieser Wäscherührmaschinen: Deckel auf, Wäsche und Wasser rein, Waschpulver der Marke „Chemiekeule" dazugeben, Deckel zu, eine Viertelstunde quirlen lassen; dann Wasser ablassen, mehrmals spülen und kurz schleudern – fertig. 90 Grad Kochwäsche? Gibt es nicht!

Hanna und Ōta haben einen netten Nachmittag miteinander verbracht. Nach einem Besuch im Café kommt Hanna die Idee, ihren neuen Bekannten um einen Gefallen zu bitten: Ob er sie wohl in das Elektronikmekka Akihabara begleitet? Sie braucht nämlich einen elektrischen Reiskocher *(suihanki)*. Ōta macht natürlich mit, und die beiden stürzen sich in das Getümmel – Hunderte von Läden und Händlern mit Superangeboten vom Rasierapparat über Kameras bis hin zu den neuesten Spielekonsolen.
Vor dem Kauf des Reiskochers muss allerdings noch eine Frage geklärt werden: *Doko.de tsukai.masu.ka?* (Wo benutzt du ihn?) Da Hanna das Gerät mit nach Hause nehmen will, kann es kein gewöhnlicher *suihanki* sein, denn: *Nihon.de.wa hyaku.boruto. desu.* (In Japan sind es 100 Volt.) Klar, darauf hätte sie selbst kommen können. Aber in Akihabara gibt es auch Läden mit Geräten fürs Ausland.
Geldsparen kann Hanna noch dazu – *menzei* (steuerfreier Einkauf) ist das Zauberwort. Ob das wohl möglich ist? Sie fragt einen Verkäufer. *Hai, mochiron deki.masu.* (Ja, natürlich können Sie das.) Nun hat sie die Qual der Wahl, *shiro* (weiß) oder *aka* (rot). Sie entscheidet sich schließlich: *Jā, aka.o kudasai.* (Also, dann bitte rot.) Ōta lächelt: ein roter Reiskocher, wie ungewöhnlich.

Nani.o kai.tai.desu.ka?

12 A

▶ 2/6

suihanki	Reiskocher
futsū	gewöhnlich/normal/üblich
dōshite?	warum?
boruto	Volt
naruhodo	wirklich/tatsächlich
Yōroppa	Europa
chiga.u/chigai.masu	anders sein
gaikoku	Ausland
tsuka.u/tsukai.masu	benutzen
mono	Sache/Gegenstand
-kai	Stock
erebētā	Aufzug
agar.u/agari.masu	hinauffahren

■ Nani.o kai.tai.desu.ka?	Was möchtest du kaufen?
● Suihanki.desu.	Einen Reiskocher.
■ Doko.de tsukai.masu.ka?	Wo benutzt du ihn?
● Doitsu.desu.	In Deutschland.
■ Jā, futsū.no tokoro.ni.wa ari.masen.	Also, am üblichen Ort gibt es den nicht.
● Dōshite?	Warum?
■ Nihon.de.wa hyaku.boruto.desu.	In Japan sind es 100 Volt.
● Naruhodo. Yōroppa.to chigai.masu.ne.	Tatsächlich. Das ist anders als in Europa, nicht?
■ Gaikoku.de tsuka.e.ru mono.o sagashi.mashō!	Lass uns die Sachen, die man in Europa benutzen kann, suchen!
● Hora! Go.kai.ni ari.masu!	Hey! Es gibt sie im 4. Stock!
■ Jā, erebētā.de agari.mashō!	Also, lass uns mit dem Fahrstuhl hinauffahren!

***-to** chiga.u:* anders sein **als**
*Yōroppa.**to chigai.masu**:* das ist **anders als** in Europa
*daigaku.**to chigai.masu**:* das ist **anders als** an der Universität

Nebensätze
werden vor das Bezugswort gestellt; Tätigkeitswort in der *-ru*-Form:

*tsuka.e.**ru mono**:*
Sachen, die man benutzen kann
*Yōroppa.to chiga.**u mono**:*
Sachen, die anders sind als in Europa
*ik.e.**ru densha**:* ein **Zug, mit dem** man fahren kann

***-kai*: Stockwerk**
Verschleifungen bei:
1: *ichi – ik.**kai***
6: *roku – rok.**kai***
10: *jū – juk.**kai***

-mashō!
Wer's vergessen hat, schaut nochmal auf S. 27 nach.

Achtung!
ik.kai (1. Stock) = **Erdgeschoss!!!**
ni.kai = **erster** Stock in Deutschland etc.

Übungen

Antwort auf die Frage: *Nani.o kai.tai.desu.ka?* Hauen Sie Ihr letztes Geld auf'n Kopp.

1. Was möchten Sie kaufen?

***Benri.na suihanki**.desu.*

1. praktisch + suihanki
2. schöne + hana
3. lecker + sushi
4. heißen + kōhī
5. teure + sashimi

Andere Länder – andere Sitten.

2. Anders als ...

*Yōroppa.**to chigai.masu***

1. ... in Europa
2. ... in Deutschland
3. ... in Tōkyō
4. ... in Frankreich
5. ... in Berlin

Gesucht: die *-mashō*-Form.

3. Lasst uns ...!

2/7

*Suihanki.o sagashi.**mashō**.*

1. suihanki. o sagas.u
2. hanbāgā.o tabe.ru
3. erebētā.de agar.u
4. kaidan.de ori.ru
5. heya.o tsuka.u
6. Yōroppa.ni ik.u

Diese kleinen tückischen Wörter, was die wohl heißen? Ordnen Sie zu.

4. Was ist normal?

1. normal
2. warum?
3. tatsächlich
4. Ausland
5. gleich
6. einfach

a ☐ onaji
b ☐ gaikoku
c ☐ naruhodo
d ☐ kantan
e ☐ dōshite?
f ☐ futsū

Nebensätze funktionieren im Japanischen anders herum – diese Übersetzungsübung mag dabei helfen, sich in die so ganz andere Art einzufühlen.

5. Dinge, die ...

1. gaikoku.de tsuka.e.ru mono
2. Nihon.de tsuka.e.ru mono
3. Doitsu.de tabe.ru mono
4. Amerika.de ka.e.ru mono
5. Kyōto.de nom.u mono

Mochiron deki.masu

▶ 2/8

go.sen	5.000
menzei	steuerfreier Einkauf
hoka	anderer/andere/anderes
iro	Farbe
shiro	weiß
aka	rot
ao	blau
zannennagara	leider

■	Irasshaimase!	Willkommen!
●	Doitsu.de tsuka.e.ru suihanki.o sagashi.te i.masu.	Ich suche einen Reiskocher, den ich in Deutschland benutzen kann.
■	Kochira.ni ari.masu.	Den gibt es hier.
●	Kono suihanki.wa ikura.desu.ka?	Dieser Reiskocher, was kostet der?
■	Ichi.man go.sen.en.desu.	Das sind 15.000 Yen.
●	Gaikoku.jin.da.kara, menzei.ga deki.masu.ka?	Weil ich Ausländerin bin, kann ich einen steuerfreien Einkauf machen?
■	Hai, mochiron deki.masu.	Ja, natürlich können Sie das.
●	Hoka.no iro.mo ari.masu.ka?	Haben Sie auch eine andere Farbe?
■	Hai, shiro.ya aka.mo ari.masu.	Ja, gibt's in Weiß und auch in Rot.
●	Ao.mo ari.masu.ka?	Gibt es auch Blau?
■	Zannennagara ari.masen.	Leider gibt es das nicht.
●	Jā, aka.o kudasai.	Also, dann bitte Rot.

***-sen:* Tausender**
Verschleifungen nur bei 1 *(ichi): **is**.sen* – kann aber auch allein stehen:
1.000 = *sen*
3 *(san): san.**z**en*
8 *(hachi): ha**s**.sen*

***-da.kara:* weil**
aus *-desu* wird *-da* im Weil-Satz:
*Doitsu.jin.**desu**:*
ich bin Deutsche
*Doitsu.jin.**da.kara**:*
weil ich Deutsche bin

***hoka:* anderer, andere, andere ...**
wird wie **Hauptwort** behandelt; deshalb: + ***-no***
*hoka.**no** Nihon.jin:*
ein anderer Japaner
*hoka.**no** daigaku:*
eine andere Universität

Farben
shiro/aka/ao = Hauptwörter; vor einem Hauptwort wird ein Eigenschaftswort daraus:
*aka.**i** suihanki:* ein **roter** Reiskocher
*shiro.**i** densha:* ein **weißer** Zug
*ao.**i** heya:* ein **blaues** Zimmer

Übungen

1. überlegen und schon mal vorüben
2. hören und nachsprechen

10. ist eine kleine Falle. Haben Sie's gemerkt? Nee? Dann aufgepasst!

1. Tausender

2/9

is.sen

1. 1.000
2. 2.000
3. 3.000
4. 4.000
5. 5.000
6. 6.000
7. 7.000
8. 8.000
9. 9.000
10. 10.000

Stereotypenpflege: ... warum ist die Banane krumm? Egal, wie die Antwort lautet: *-da.kara* (weil) hilft bei der Begründung.

2. Weil ich Deutscher bin

*Doitsu.jin.**da.kara**, bīru.ga suki.desu.*

1. Doitsu.jin – bīru.ga suki.desu
2. Amerika.jin – hanbāgā.ga suki.desu.
3. Nihon.jin – sushi.ga suki.desu.
4. Furansu.jin – aka-wain.ga suki.desu.

Es gibt beides – drücken Sie das aus. (s. S. 27 bzw. 37)

3. Sowohl weiß als auch rot

***Shiro**.ya **aka**.mo ari.masu.*

1. shiro – aka
2. hon – shinbun
3. sushi – tenpura
4. bīru – wain

***gai-koku:* Ausland**

1. *gai* = draußen, allein auch *soto* oder *hoka* (= anderer) gelesen
2. *koku* = Land, allein auch *kuni* gelesen

Also: draußen + Land (= außerhalb von Japan) = Ausland.

4. Kanji

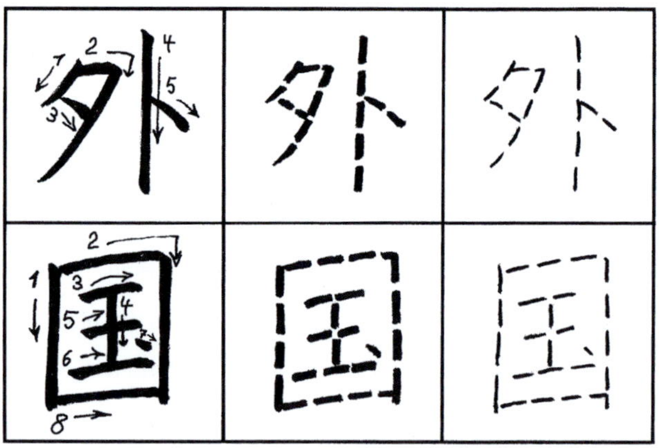

Heiliger Reis und die Götter

12

Nach jahrelanger Überproduktion 1994 der Schock: Wegen der schlechten Ernte im Vorjahr musste in jenem Jahr zum ersten Mal seit dem Ende des Zweiten Weltkrieges aus den USA und Südostasien Reis importiert werden. Die Zeitungen riefen den nationalen Notstand aus – die Reisselbstversorgung in Gefahr? Eine Katastrophe für den Inselstaat, der schon einmal, bei der Ölkrise in den 1970er Jahren, erheblich unter Druck geraten war wegen seiner Abhängigkeit vom Import. Und so stiegen 1994 die Preise für den ohnehin schon teuren, staatlich subventionierten japanischen Reis in nie erreichte Höhen.

Sie lieben ihren Reis, die Japaner. Rund ist er, kleben muss er und gut riechen. Ausländischer Reis stinkt nämlich – für den japanischen Geschmack eine Zumutung. Für die Nationalspeise Sushi kommt nur inländischer Reis in Frage. Zu jedem Essen, auch zum traditionellen Frühstück, gehört eine Schale Reis, pur oder verfeinert mit Fisch, Algen oder Sesam. Die Götter stimmt man milde, indem man ihnen eine Schale Reis oder einen Becher voll *sake* (Reiswein) opfert. Und den Toten bringt man *sake* ans Grab. Beliebt auch *mochi* (gekochte, klebrige Reismasse) oder *o.senbei* (Reiscracker) mit Sojasoße; zum Kochen wird *mirin* (süßer Reiswein) verwendet. Ja, was für die Deutschen die Kartoffel, ist für die Japaner der Reis ...

7 mal Reis

1. *o.kome:* Reiskorn
2. *gohan:* gekochter Reis pur
3. *raisu:* als fertiges Gericht, z. B. *karē-raisu* (Curry-Reis)
4. *mochi:* klebrige Reismasse
5. *o.senbei:* Reiscracker
6. *sake:* flüssiger Reis = Reiswein
7. *mirin:* süßer Reiswein

T

Test 3

Testen Sie, ob aus den Landeskunde-Texten etwas hängen geblieben ist. Wenn nicht, schicken wir Ihnen den Samurai nach Hause. Der bringt Ihnen *seppuku* bei.

1. Welche Antwort stimmt?

1. *Konbini* heißen in Japan …
   a ☐ die Tankstellen.
   b ☐ Läden, die rund um die Uhr geöffnet sind.
   c ☐ die Getränkeautomaten.
2. Automaten …
   a ☐ verkaufen in Japan nur Fahrkarten oder Zigaretten.
   b ☐ gibt es nur bei Honda und Mitsubishi.
   c ☐ funktionieren (fast) immer und stehen an jeder Ecke.
3. Der *Hachikō* ist …
   a ☐ der Legende nach ein treuer Hund, dessen Statue in Tōkyō steht.
   b ☐ eine Floskel, die man dem Chef sagt, wenn er niest.
   c ☐ der Fernsehturm von Tōkyō.
4. Die 47 Samurai …
   a ☐ haben ihren Herren umgebracht und sind dann Räuber geworden.
   b ☐ sind nur eine Legende; sie hat es nie gegeben.
   c ☐ haben ihren Herren gerächt und anschließend *seppuku* begangen.
5. Japanische Züge sind eigentlich immer …
   a ☐ überfüllt, verdreckt und unpünktlich.
   b ☐ unsicher, weil nur der Pöbel mit ihnen fährt.
   c ☐ superpünktlich, sauber und sicher.
6. Als *suihanki* bezeichnet man …
   a ☐ einen elektrischen Reiskocher, der in keinem Haushalt fehlt.
   b ☐ ein japanisches Kurzschwert für den rituellen Selbstmord.
   c ☐ Kaffeeautomaten in Großraumbüros.

Bringen Sie Ordnung in dieses Frage-Antwort-Chaos und suchen Sie die richtigen Pärchen: Jede Frage hat eine eindeutig richtige Antwort, auch wenn alles irgendwie zusammenpassen könnte. Tut's aber nicht.

2. Fragen und Antworten

1. Ao.mo ari.masu.ka?
2. Nichi.yōbi.wa dō.desu.ka?
3. Doko.ni iki.tai.desu.ka?
4. Doko.de tsukai.masu.ka?
5. Nani.ga hoshi.i.desu.ka?
6. Deguchi.no namae.wa nan.desu.ka?

a ☐ Chotto muri.desu.
b ☐ Zannennagara ari.masen.
c ☐ Hachikō-guchi.desu.
d ☐ Hotto-kōhī.ga hoshi.i.desu.
e ☐ Doitsu.desu.
f ☐ Shibuya.ni iki.tai.desu.

3. Was fehlt?

Jeweils nur eins der vorgeschlagenen Wörter macht Sinn. Welches?

1. Kore.o __________!
   a ☐ kudasai
   b ☐ sumimasen
   c ☐ mukai

2. Nani.ga __________.desu.ka?
   a ☐ botan
   b ☐ anata
   c ☐ hoshi.i

3. __________.de ai.masu.ka?
   a ☐ dō
   b ☐ do.yōbi
   c ☐ doko

4. Chikatetsu.no __________.o kai.tai.desu.
   a ☐ sen
   b ☐ kippu
   c ☐ nori-kae

5. Kono suihanki.wa __________.desu.ka?
   a ☐ ikura
   b ☐ iro
   c ☐ ichi

6. Deguchi.no __________.wa nan.desu.ka?
   a ☐ kaidan
   b ☐ namae
   c ☐ kantan

4. Wie sagt man das auf Japanisch?

Wakari.mashita? Haben Sie alles gepaukt? Hier können Sie's testen und noch einmal vertiefen.

1. Gern geschehen.
2. Ich bin in Tōkyō.
3. Um wie viel Uhr?
4. Vielen herzlichen Dank.
5. Ich habe verstanden.
6. Was möchtest du kaufen?

13

Reise mit Ōta

Urlaub
Es gibt wenig Urlaub, dafür aber eine Menge Feiertage. Anfang Mai sogar eine ganze Woche frei (*goruden uīku* = Golden Week/Goldene Woche). Ganz Japan ist dann unterwegs. Fällt ein Feiertag auf einen Sonntag, ist Montag frei.

Feiertage
01.01. Neujahr
2. Montag im Januar: Tag der Volljährigkeit
11.02. Staatsgründung
23.02. *Tennō*-Geburtstag
20. oder 21.03. Frühlingsanfang
03.05. Verfassungstag
04.05. Tag der Natur
05.05. Kindertag
3. Montag im Juli Tag des Meeres
15.09. Tag der Alten
22. oder 23.09. Herbstanfang
2. Montag im Oktober Tag des Sports
03.11. Tag der Kultur
23.11. Tag der Arbeit

Irgendwie hat sich da etwas entwickelt zwischen dem aufgeschlossenen Ōta Hiroshi und Hanna ... Die zwei machen sich Richtung *Kyūshū* auf, denn dort im Süden von *Nihon* ist Ōta geboren. Er möchte Hanna seine *furusato* (Heimat) zeigen, vor allem die Stadt Nagasaki mit ihrem südlichen Flair, dem jahrhundertelangen Einfluss der Europäer und der schrecklichen Kriegsgeschichte. Viel Zeit haben allerdings beide nicht – Ōta musste hart um zwei Tage Urlaub kämpfen. Sie möchten schnell nach Nagasaki kommen und fliegen von Haneda, Tōkyōs Inlandsflughafen. Im Flugzeug richten sie sich ein, verstauen das *nimotsu* (Gepäck) und nehmen Platz: *Suwari.mashō!* (Setzen wir uns!)
In Nagasaki angekommen, geht es gleich per Taxi weiter: *Heiwa-kōen.made o.negai shi.masu.* (Zum Friedenspark bitte.) Wie lange man bis dorthin wohl braucht? Der Taxifahrer mit seinen weißen Handschuhen gibt bereitwillig Auskunft: *Jup.pun.gurai.desu.* (Das sind ungefähr zehn Minuten.) Nachdem die beiden ausgestiegen sind, schließen sich die Türen des Taxis wie von Geisterhand. Kein Wunder im Land der Automaten, denkt Hanna. Sie betreten das Areal des *Heiwa-kōen* (Friedenspark) und werden nachdenklich. Hier fiel am 9. August 1945 die zweite Atombombe – drei Tage nach Hiroshima.

Kitsuen-seki.desu.ka?

2/10

mae	vorn
roku.ban.me	der sechste
gawa	Seite
mado-gawa	Fensterseite
zenbu	alles
shir.u/shiri.masu	wissen
nimotsu	Gepäck
ire.ru/ire.masu	hineintun
ushiro	hinten
ai.te i.ru/i.masu	passen
suwar.u/suwari.masu	sich setzen

● Anata.no seki.wa doko.desu.ka?	Wo ist dein Platz?
■ Mae.kara roku.ban.me.no seki.desu.	Von vorn ist es der sechste Platz.
● Mado-gawa desu.ka?	Ist er auf der Fensterseite?
■ Hai, mado-gawa.desu.	Ja, er ist auf der Fensterseite.
● Kitsuen-seki.desu.ka?	Ist das ein Raucher-Platz?
■ Īe, hikōki.no naka.wa zenbu kin'en.desu.	Nein, im Flugzeuginnern ist alles Nichtraucher.
● Asō.desu.ka? Shir.ana.katta. desu.	Ach, so ist das? Das habe ich nicht gewusst.
■ Nimotsu.wa doko.ni ire.masu.ka?	Das Gepäck, wohin tun wir's?
● Ushiro.ga ai.te i.masu.	Hinten passt es.
■ Ā, yokat.ta! Suwari.mashō.	Ah, wie gut! Setzen wir uns!
● Jā, suwari.mashō!	Also, setzen wir uns!

-ban* und *-ban.me

1. **Zahl + *-ban* = Nummer**
   *ichi.**ban:*** **Nr.** 1
2. **Zahl + *-ban.me* = Ordnungszahl**
   *ichi.**ban.me:*** **erste/-r**
   *ni.**ban.me:*** **zweite/-r**

Eigenschaftswörter in der Vergangenheit:
-i → ***-katta:***
*taka.**i:*** ist teuer
*taka.**katta:*** **war** teuer

Sonderfall
i.i: ist gut
***yo.**katta:* **war** gut

Verneinung:
Kurzform statt *-masen*:

1. ***-ru*-Gruppe:**
   *tabe.**ru*** → *tabe.**na.i***
   ich esse **nicht**
2. ***-u*-Gruppe:**
   *shir.**u*** → *shir.**ana.i***
   ich weiß **nicht**
   Achtung! Bei einem Selbstlaut vor dem *-u:*
   -w.ana.i anhängen!
   *omo.**u*** → *omo**w.ana.i***
   ich glaube **nicht**
3. ***-uru*-Gruppe**
   *s.**uru*** → ***shi.na.i***
   ich mache **nicht**
   *k.**uru*** → ***ko.na.i***
   ich komme **nicht**

Durch das Anhängsel ***-na.i*** entsteht ein Eigenschaftswort. Entsprechend die Vergangenheit:
shira.na.i → *shira.na.**katta***
ich **habe** nicht **gewusst**

13 A

Übungen

Spielen Sie Stewardess und platzieren Sie die Passagiere und die Ordnungszahl (mit *-ban.me*) .

1. Von vorne der sechste

▶ 2/11

Mae.kara ***roku.ban.me****.desu.*

1. roku
2. san
3. ni
4. ichi
5. yon
6. hachi

Verstehen, nachdenken, entscheiden.

2. Frage-Antwort-Spiel

1. Anata.no seki.wa doko. desu.ka?
   - a ☐ Hai, kochira.desu.
   - b ☐ Mado-gawa.desu.
2. Kitsuen-seki.desu.ka?
   - a ☐ Īe, kin'en.desu.
   - b ☐ Hai, wakari.mashita.
3. Doko.ni ire.masu.ka?
   - a ☐ Mae.ni ire.mashō.
   - b ☐ Hai, sō.desu.
4. Nani.o kai.tai.desu.ka?
   - a ☐ Ā, yokat.ta.
   - b ☐ Hon.desu.

Finden Sie die richtige Bedeutung der kleinen, aber heimtückischen Wörter.

3. Raucher oder Nichtraucher?

1. kitsuen
2. kin'en
3. migi
4. hikōki
5. hidari
6. zenbu

- a ☐ links
- b ☐ Flugzeug
- c ☐ rechts
- d ☐ alles
- e ☐ Raucher
- f ☐ Nichtraucher

Sagen Sie, welcher Platz bzw. wo frei ist.

4. Mein rechter Platz ist leer ...

Migi*.ga ai.te i.masu.*

1. rechts
2. hinten
3. vorn
4. links
5. auf der Fensterseite
6. hier

Bilden Sie zuerst die Verneinung in der Gegenwart, dann in der Vergangenheit.

5. Ich weiß – ich wusste

*shir.ana.****i*** *– shir.ana.****katta***

1. shir.u
2. wakar.u
3. omo.u
4. ka.u
5. s.uru
6. k.uru
7. tabe.ru
8. deki.ru
9. ugok.u
10. ik.u

Jup.pun.gurai.desu

13 B

2/12

dochira.made?	bis wohin?
Heiwa-kōen	Friedenspark
kakar.u/kakari.masu	(Zeit) brauchen
sonnani	so sehr
tō.i	weit
ē	ja
chika.i	nahe
kurejitto-kādo	Kreditkarte
hara.u/harai.masu	bezahlen
sā	nun
tsuk.u/tsuki.masu	ankommen

■ Dochira.made.desu.ka?	Bis wohin geht es?
● Heiwa-kōen.made o.negai shi.masu.	Zum Friedenspark bitte.
■ Hai, wakari.mashita.	Ja, ich habe verstanden.
● Heiwa-kōen.made dono.gurai kakari.masu.ka?	Bis zum Friedenspark, wie lange braucht man ungefähr?
■ Jup.pun.gurai.desu.	Das sind ungefähr zehn Minuten.
● Asō.desu.ka? Sonnani tō.ku ari.masen.ne.	Ach so? Das ist nicht so sehr weit, nicht?
■ Ē, chika.i.desu.yo!	Ja, das ist durchaus nahe!
● Kurejitto-kādo.de hara.e.masu.ka?	Kann ich mit Kreditkarte bezahlen?
■ Hai, daijōbu.desu.yo!	Ja, das ist durchaus in Ordnung!
● Yo.katta.desu.	Wie gut!
■ Sā, tsuki.mashita!	Nun, wir sind angekommen!
● Ikura.desu.ka?	Was kostet das?
■ Sen hap.pyaku go jū.en.desu.	1.850 Yen.
● Dōzo.	Bitte.

Höflicher Taxifahrer
doko.made: bis wohin?
***dochira**.made:*
bis wohin, bitte?

Verneinung
-i.desu → ***-ku ari.masen***

*tō.**i.desu*** → *tō.**ku ari.masen***
ist **nicht** weit
*taka.**i.desu*** → *taka.**ku ari.masen***
ist **nicht** teuer
Achtung! Sonderfall
i.i.desu: ist gut → ***yo**.ku ari.masen:* ist **nicht** gut

***yo.katta.desu:* wie gut!**
von der Form her eigentlich: „es ist gut gewesen"

***ē:* ja**
neutrale Form für das höflichere *hai* (ja)

***-yo* = durchaus/wohl**
wird am Satzende zur Bestätigung angehängt.
*chika.i.desu.**yo**:* das ist **durchaus** nahe!
*daijōbu.desu.**yo**:* das ist **durchaus** in Ordnung!

13 B

Übungen

Steigen Sie ins Taxi und sagen Sie, wohin Sie wollen.

1. Bitte bis zum Friedenspark!

Heiwa-kōen*.made o.negai.shi.masu!*

1. Heiwa-kōen
2. Tōkyō Daigaku
3. Yomiuri-shinbun.sha
4. Shibuya-eki
5. Kamogawa-ryokan

Verneinen Sie die Eigenschaftswörter. 3. ist eine Ausnahme!

2. Es ist nicht weit

2/13

*tō.**ku ari.masen***

1. tō.i	6. tsuyo.i
2. taka.i	7. hoshi.i
3. i.i	8. chika.i
4. isogashi.i	9. ō.i
5. ita.i	10. oishi.i

Gleich und gleich gesellt sich nicht immer gerne, manchmal ziehen sich Gegensätze (!) an.

3. Nah und fern

1. chika.i	a ☐ hidari
2. migi	b ☐ gogo
3. mae	c ☐ tō.i
4. gozen	d ☐ ushiro

***kū-sha:* freier Wagen**

1. *kū* = leer
   allein *sora* (= Himmel)
   oder *kara* (= leer)
   kara-oke = leeres Orchester
2. *sha* = Wagen
   allein *kuruma* (= Auto)
   den-sha = elektrischer Wagen (= Zug)

Diese beiden *kanji* leuchten am Taxi, wenn es frei ist.

4. Kanji

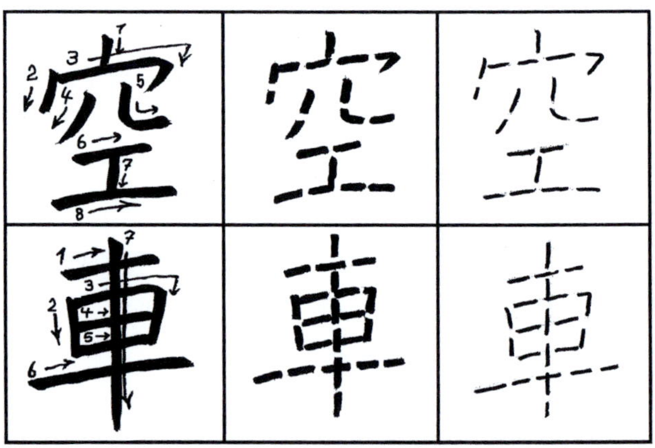

Täter und Opfer

13

Japan kapitulierte am 15. August 1945, nicht zuletzt wegen der Atombomben auf Hiroshima und Nagasaki. Der Krieg im Pazifik war für *Nihon* verloren. Dabei hatte alles so aussichtsreich begonnen: Japan hatte sich einen Teil Chinas, die Mandschurei, Korea und weite Teile des Südpazifiks einverleibt.
Die Japaner kamen als Befreier von den westlichen Kolonialmächten, aber sie ließen die Befreiten schnell wissen, dass sie die „besseren Asiaten", das „Herrenvolk" waren – erwählt durch göttliche Bestimmung. Auch Wirtschaftsinteressen spielten eine Rolle, die eroberten Gebiete verhießen Bodenschätze und ausbeutbare Arbeitskräfte. Die Japaner waren gnadenlose Besatzer.
Durch die Atombomben allerdings wurden sie in ihren eigenen Augen zu Opfern. Noch heute wird von vielen Japanern die Schuld am Krieg im Pazifik nicht anerkannt. Jährlich pilgern Tausende in die Friedensparks von Hiroshima und Nagasaki, um der Opfer des Krieges zu gedenken – den japanischen. Koreanische Gruppen kämpften lange darum, bis für ihre Toten ein Denkmal auf dem Areal des *Heiwa-kōen* von Hiroshima errichtet wurde. Auch Tausende koreanische Zwangsarbeiter einer Rüstungsfabrik nahe dem Epizentrum wurden getötet. Nagasakis Bürgermeister wurde Opfer eines Attentates, weil er kritisch auf die Rolle Japans im Zweiten Weltkrieg hingewiesen hatte. Rechtsgerichtete Kreise wollten nicht akzeptieren, dass Hiroshima und Nagasaki als Reaktion auf den japanischen Angriffskrieg zu sehen sind.

Sadako und die Kraniche
Sadako aus Hiroshima war noch ein Kind, als sie starb. Sie hatte Leukämie, ausgelöst durch die Atombombe. Vor ihrem Tod faltete Sadako eine Unmenge von Papierkranichen, denn sie wollte gesund werden. Der Legende nach hat nämlich ein Kranker, der 1.000 Papierkraniche faltet, einen Wunsch frei.
Heute steht ein Denkmal im Friedenspark von Hiroshima: Sadako hält einen Riesenkranich hoch. Kinder aus ganz Japan bringen alljährlich Papiervögel an diesen Ort, um an die toten Kinder von Hiroshima zu erinnern.

14

Heiße Quellen

gaijin im _onsen_
Ein *gaijin* (Ausländer) in einem *onsen* (einer heißen Quelle) ist noch immer etwas Außergewöhnliches. Was wird er falsch machen?, scheinen sich die Japaner zu fragen. Am besten man geht als Ausländer in Begleitung eines Japaners, von dem man sich alles erklären lässt. Dann kann der *onsen*-Besuch zur echten Entspannung werden.

Nicht weit von Nagasaki liegt Beppu, eine Stadt, in der überall Dampf aus der Erde quillt. Dieser Dampf ist so heiß, dass man sogar Maiskolben zum Garen darüber legt. Die Japaner gehen in Beppu einer ihrer liebsten Beschäftigungen nach: Baden in heißen Quellen. Auch Hanna möchte einmal der Entspannung frönen, denn: *Onsen.ni it.ta koto.ga ari.masen* (Ich bin noch nie in eine heiße Quelle gegangen). Ein solcher *onsen*-Besuch ist für Ausländer ein kleines Abenteuer, und so ist Hanna erleichtert, als sie eingeladen wird: Nishida Kiku, eine ältere Dame, hat einst bei Hanna Deutschunterricht genommen. Jetzt soll die Japanerin die Lehrerin sein in Sachen heißer Quelle: *Iroiro oshie.te kudasai* (Bringen Sie mir bitte Verschiedenes bei).
Das Allerwichtigste, so Frau Nishida, ist die ausführliche Reinigung vor dem Baden: *O.furo ni hair.u mae.ni, karada.o yo.ku arat.te kudasai* (Bevor du in die Badewanne steigst, wasch den Körper bitte gut). Schier endlos kommt Hanna die Reinigungsprozedur ihrer auf kleinen Schemeln sitzenden Badenachbarinnen vor. Immer wieder seifen sie sich ein, spülen sich ab und seifen sich wieder ein. Dann endlich ist es soweit: Frau Nishida hat sich einen letzten Schwung Wasser übergegossen. Nur noch eine Sache: *Ki.o tsuke.te! Sugo.ku atsu.i.desu.yo!* (Pass auf! Es ist durchaus total heiß!) Nachdem sich Hanna langsam vorgetastet hat, verstohlen beobachtet von all den Japanerinnen um sie herum, kommt die große Entspannung im heißen Wasser. Was für ein Gefühl!!!

Kutsu.o nui.de kudasai

14 A

2/14

onsen	heiße Quelle
iroiro	Verschiedenes
oshie.ru/oshie.masu	lehren
kutsu	Schuhe
nug.u/nugi.masu	ausziehen
fuku	Kleider
rokkā	Schließfach
kagi	Schlüssel
kake.ru/kake.masu	verschließen
hair.u/hairi.masu	hineingehen, -steigen

● Onsen.ni it.ta koto.ga ari.masen.	Ich bin noch nie in eine heiße Quelle gegangen.
■ Hontō.desu.ka?	Wirklich?
● Ē, dakara iroiro oshie.te kudasai.	Ja, also lehren Sie mich bitte Verschiedenes.
■ Hai, i.i.desu.yo. Koko.de kutsu.o nui.de kudasai.	Ja, das ist schon recht. Hier zieh bitte die Schuhe aus.
● Hai, wakari.mashita.	Ja, ich habe verstanden.
■ Koko.de fuku.o nugi.masu.	Hier zieht man die Kleider aus.
● Fuku.wa dō shi.masu.ka?	Was mache ich mit den Kleidern?
■ Rokkā.ni ire.te, kagi.o kake.masu.	Tu sie ins Schließfach und schließ mit dem Schlüssel ab.
● Jā, hairi.mashō!	Also, lass uns hineingehen!

Vergangenheit *-ta*
wird gebildet wie *-te*-Form (s. S. 61)

Schon mal ...
Vergangenheitsform ***-ta* +**
koto.ga ar.u:

*hait.**ta** **koto.ga ar.u**:* **schon mal** hinein **gestiegen sein**
*it.**ta** **koto.ga ar.u**:* **schon mal gegangen sein**

Noch nie ...
*-ta + koto.ga **ari.masen:***
*Onsen.ni it.ta **koto.ga ari.masen**:* Ich bin **noch nie** in eine heiße Quelle gegangen.

*Fuku.wa **dō** shi.masu.ka?*
Wörtlich: Die Kleider, wie mache ich das?, also: Was mache ich mit den Kleidern?

***-te* = und**
Tätigkeitswörter werden mit der *-te*-Form verbunden:
*ire.**te**, kake.masu:* hineintun **und** zuschließen
*nui.**de**, hairi.masu:* (sich) ausziehen **und** hineingehen

*nui.**de**: -te*-Form mit Verschmelzung (***-de*** statt *-te*) von *nug.u/nugi.masu* = (sich) ausziehen

*kagi.**o** kake.ru*
wörtlich: **den** Schlüssel schließen = (mit dem Schlüssel) abschließen

14 A

Übungen

Wer's glaubt, wird selig. Trotzdem: Vergangenheit des Tätigkeitswortes bilden + *koto.ga ari.*masen. (Vergessen? *-te*-Form s. S. 61)

1. Ich habe noch nie ...

*Onsen.ni it.**ta koto.ga ari.masen**.*

1. onsen.ni ik.u
2. suihanki.o ka.u
3. sushi.o tabe.ru
4. o.sake.o nom.u
5. daigaku.de benkyō s.uru

Bitte eine Bitte formulieren!

2. Bitte!

*Iroiro oshie.**te kudasai**.*

1. iroiro oshie.ru
2. kutsu.o nug.u
3. rokkā.ni ire.ru
4. naka.ni hai.ru
5. kochira.ni suwa.ru

Beides tun und immer schön mit *-te* verbinden. Nippons Variante von „dies & das tun“.

3. Und

*Onsen.ni **it.te**, fuku.o **nugi.masu**.*

1. onsen.ni ik.u – fuku.o nug.u.
2. fuku.o nug.u – rokkā.ni ire.ru.
3. iroiro oshie.ru – zenbu wakar.u.
4. karē-raisu.o tabe.ru – o.sake.o nom.u.

Bilden Sie vollständige Sätze. Wahr oder gelogen, behaupten Sie einfach. Haben Sie die richtigen Anhängsel auch schon mal gefunden?

4. Ich habe schon mal ...

*Fuku.**o** rokkā.**ni** ire.**ta koto.ga ari.masu**.*

1. fuku – rokkā – ire.ru
2. kutsu – koko – nug.u
3. kagi – kake.ru
4. ryokō – ik.u
5. hoteru – yoyaku – s.uru

Nach der Übungsfolter die Entspannung. Sie brauchen nur hinhören und Papagei spielen.

5. Einfach nachsprechen!

▶ 2/15

1. Iroiro oshie.te kudasai.
2. Koko.de kutsu.o nui.de kudasai.
3. Fuku.o rokkā.ni ire.te kudasai.
4. Kagi.o kake.te kudasai.
5. Jā, naka.ni hairi.mashō!

O.furo.ni hair.u mae.ni

14 B

▶ 2/16

o.furo	Badewanne
karada	Körper
ara.u/arai.masu	waschen
owar.u/owari.masu	fertig werden/beenden
mats.u/machi.masu	warten
sekken	Seife
nagas.u/nagashi.masu	entfernen
ōkei	okay
ki.o tsuke.ru/tsuke.masu	aufpassen
sugo.i	total
atsu.i	heiß

■ O.furo.ni hair.u mae.ni, karada. o yo.ku arat.te kudasai.	Bevor du in die Badewanne hineinsteigst, wasch den Körper bitte gut.
● Owari.mashita!	Ich bin fertig!
■ Mat.te! Sekken.mo kirei.ni nagashi.te kudasai!	Warte! Entferne auch schön die Seife, bitte!
● Ōkei. O.furo.ni-hairi.mashō!	Okay. Steigen wir in die Wanne!
■ Ki.o tsuke.te! Sugo.ku atsu.i.desu.yo!	Pass auf! Es ist durchaus total heiß!
● Ā, yokat.ta! Demo, hontō.ni atsu.i.desu.	Ah, wie gut! Aber es ist wirklich heiß.
■ Ē, sō.deshō.	Ja, so ist das wohl.

bevor man etwas tut
Wörterbuchform *-ru* + ***mae.ni***
*hair.**u mae.ni:*** **bevor** ich hineinsteige / -gehe
*ik.**u mae.ni:*** **bevor** ich gehe

Umstände
Eigenschaftswörter werden zu Umstandswörtern:
1. ***-i** → **-ku**:*
   *yo.**i** ryokō:* eine **gute** Reise
   *yo.**ku** ara.u:* **gut** waschen
   *sugo.**i**:* **total**
   *sugo.**ku** atsu.i.desu:* es ist **total** heiß
2. ***-na** → **-ni**:*
   *kirei.**na** heya:* ein **schönes** Zimmer
   *kirei.**ni** nagas.u:* **schön** entfernen

Unter guten Bekannten kann man bei der Aufforderung *kudasai* weglassen:
mat.te!: **warte!**
ki.o tsuke.te!: **pass auf!**

14 B

Übungen

Verbinden Sie die einzelnen Satzteile durch ein *mae.ni* (bevor). Und das Ganze soll als Bitte vorgebracht werden *(-te kudasai).*

1. Bevor Sie ...

O.furo.ni hair.u ***mae.ni****, karada.o yo.ku arat.***te kudasai***.*

1. o.furo.ni hair.u – karada.o yo.ku ara.u
2. sushi.o taber.u – te.o yo.ku ara.u
3. heya.ni hair.u – kutsu.o nug.u
4. onsen.ni hair.u – fuku.o nug.u
5. chikatetsu.ni nor.u – kippu.o ka.u

In der Kürze liegt die Würze. Bringen Sie die Aufforderungen in der Kurzform vor, sozusagen: Kurzform, ey! Wiederholung gefällig? S. 61

2. Warte!

*Ma**t.te**!*

1. mats.u
2. tabe.ru
3. ki.o tsuke.ru
4. ik.u
5. kur.u
6. tsuka.u
7. te.o ara.u
8. kore.o ka.u
9. sagas.u
10. sekken.o nagas.u

Aus den Eigenschaftswörtern werden Umstandswörter, die den Tätigkeits- bzw. Eigenschaftswörtern zugeordnet werden. Klingt einleuchtend, oder?

3. Gut waschen

▶ 2/17

*yo.**ku** ara.u*

1. yo.i + ara.u
2. taka.i + ari.masen
3. sugo.i + ita.i
4. tō.i + na.i
5. yo.i + wakar.u

on-sen: **heiße Quelle**
1. *on* = warm
2. *sen* = Quelle
allein *izumi* gelesen

4. Kanji

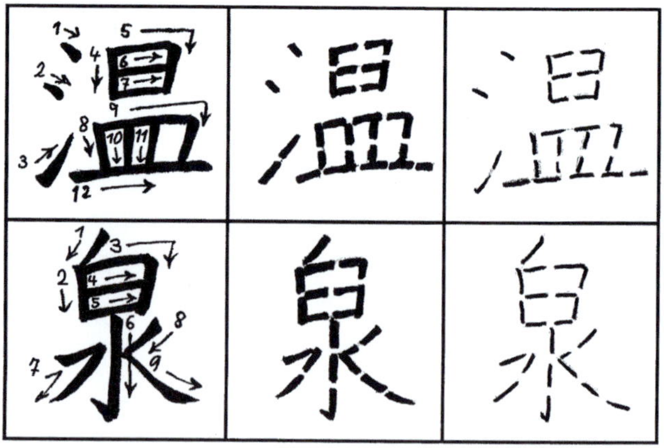

... wider Schweiß und Müdigkeit

14

Baden – eine Art „Nationalsport" in Japan. Der deutsche Arzt Engelbert Kaempfer notierte bereits im 17. Jahrhundert: „Weil es die Gewohnheit der Nation mit sich bringt, sich auf der Reise alle Tage zu baden, ein Mittel sowohl wider den Schweiß als die Müdigkeit der Glieder, so wird auch täglich gegen Abend das Bad desto eher warm und fertig gehalten ..." Und so wird noch heute in japanischen Privathaushalten das Badewasser so lange warm gehalten, bis sich auch das letzte Familienmitglied vor dem Schlafengehen darin entspannt hat. Gäste werden zuerst ins Bad gebeten.

Früher hatten die Wohnungen kein eigenes Badezimmer, man traf sich im *sentō* (öffentlichen Bad). Hier wurden Neuigkeiten ausgetauscht und Gerüchte geschürt. In Tōkyō haben bis heute einige Dutzend dieser Badeanstalten überlebt.

Wer ein erholsames Wochenende verbringen will, fährt in einen *onsen*-Badeort. Die natürlichen heißen Quellen gibt es überall im Land der Vulkane und Erdbeben.

Onsen meint sowohl die heiße Quelle als auch das dazugehörige Becken und das Gebäude. Zum Besuch im Bad gehören bestimmte, fast schon rituelle Handlungen, an die sich auch Ausländer halten sollten. Das Allerwichtigste: Vor dem Einsteigen in das heiße Wasser sollte man sich mehr als gründlich von Kopf bis Fuß reinigen. Auch andere wollen noch ins saubere Wasser. Vorher also: schrubben, schrubben, schrubben!

Natürliches Bad

Eine besondere Art des *onsen* ist die natürliche heiße Quelle, die in ihrer Ursprünglichkeit – inmitten der Natur – erhalten geblieben ist. *rotenburo* nennt man eine solche Badestelle, und es gibt nichts Wunderbareres für eine Japanerin oder einen Japaner als die Vorstellung, im Winter, umgeben von Schnee, an einem solchen Ort ein heißes Bad zu nehmen.

Der *yukata*

Ein praktisches Kleidungsstück fürs Bad und für zu Hause. Dieser leichte Kimono wird einfach übergeworfen, und man kann sich darin bis zum nächsten Morgen ganz ungezwungen bewegen.

15

Zum Goldenen Tempel

Jahreszahlen
Neben der westlichen Zählung, die 1873 eingeführt wurde, existiert die Jahreszählung nach *Tennō*-Regierungsjahren.
Mit jedem neuen *Tennō* beginnt auch eine neue Ära *(nengō)* mit dem Jahr Null.

1868 –1912 *Meiji* (aufgeklärte Herrschaft)
1912–1926 *Taishō* (große Gerechtigkeit)
1926–1989 *Shōwa* (erleuchteter Friede)
1989–2019 *Heisei* (umfassender Friede)
2019 *Reiwa* (schöne Harmonie)
1989 = *Heisei gan.nen* (Jahr eins von Heisei)
2009 = *Heiseini jū.nen* (Jahr 10 von *Heisei*)

Das Nebeneinander von Religion und Alltag wird nirgendwo so deutlich wie in Kyōto; an jeder Ecke gibt es *jinja* (Schreine) und *o.tera* (Tempel). Es ist nicht ungewöhnlich, an solchen Orten Angestellte in der Mittagspause anzutreffen: Sie spenden ein paar Yen, klatschen kurz in die Hände, damit die Götter sie erhören, und verneigen sich zu einem kurzen Gebet. Vielleicht bitten sie auch um eine Gehaltserhöhung oder die Partnerin bzw. den Partner fürs Leben ...
Hanna ist nach Kyōto gefahren, sie möchte einen Bericht schreiben über Religion im Alltag. Zuerst einmal braucht sie ein paar klassische Fotos, die in keinem Japanbericht fehlen dürfen. Der *Kinkaku.ji* (Goldene Tempel) ist ihr Ziel.
Kono basu.de Kinkaku.ji.ni ik.e.masu.ka? (Kann ich mit diesem Bus zum Goldenen Tempel fahren?), fragt sie einen Busfahrer. Sie hat Glück: *Hai, ik.e.masu.yo.* (Ja, Sie können wohl fahren.) Das Geld für die Busfahrkarte wirft sie in einen Automaten neben dem Fahrer, Wechselgeld kommt von alleine raus.
Auch viele japanische Reisende pilgern zu dem berühmten Bauwerk. Erinnerungsfotos am Fließband, die ganze Familie in Pose: wir waren hier! Hanna schmunzelt über diese Freude am Knipsen. Verdammt, der Film in ihrer altmodischen Kamera ist zu Ende. Sie spricht eine junge Japanerin an. Die weiß Rat: *Asoko.no baiten.de ut.te i.masu* (In dem Kiosk dort drüben werden sie verkauft). So kommen die beiden ins Gespräch.

Doko.de ori.masu.ka?

15 A

2/18

basu	Bus
Kinkaku.ji	der Goldene Tempel
ori.ru/ori.masu	aussteigen
basutei	Bushaltestelle
nan.ban.me?	Nummer wieviel?
go.ban.me	fünfte/r
michi	Weg
sugu	sofort
o.kane	Geld
o.tsuri	Wechselgeld
wasure.ru/wasure.masu	vergessen

● Kono basu.de Kinkaku.ji.ni ik.e.masu.ka?	Kann ich mit diesem Bus zum Goldenen Tempel fahren?
■ Hai, ik.e.masu.yo.	Ja, Sie können wohl fahren.
● Doko.de ori.masu.ka?	Wo steige ich aus?
■ Basutei.no namae.wa Kinkakuji.mae.desu.	Der Name der Bushaltestelle ist „Vor dem Goldenen Tempel“.
● Asō.desu.ka. Nan.ban.me.no basutei.desu.ka?	Ach, so ist das. Die wie vielte Bushaltestelle ist das?
■ Go.ban.me.desu.	Es ist die fünfte.
● Michi.ga wakari.masen.ga ...	Ich kenne den Weg nämlich nicht ...
■ Ori.ru.to, sugu wakari.masu.yo.	Wenn Sie aussteigen, werden Sie's sofort verstehen.
● Tsui.tara, oshie.te kudasai.	Wenn wir angekommen sind, informieren Sie mich bitte!
■ Hai, mochiron.	Ja, natürlich.
● O.kane.o doko.ni ire.masu.ka?	Wo tue ich das Geld hinein?
■ Koko.desu. O.tsuri.o wasure.nai.de kudasai!	Hier ist es. Vergessen Sie Ihr Wechselgeld nicht!

„wenn“ + Vergangenheit

Tätigkeitswort + ***-tara***
*tsui.**tara**, oshie.te kudasai:*
wenn wir angekommen sind, informieren Sie mich bitte.
Im Gegensatz zu ***-ru*-Form** + ***-to:*** wenn A, dann passiert B automatisch.
*Ori.**ru.to**, sugu wakari.masu. yo:* **Wenn** Sie aussteigen, werden Sie's sofort verstehen.

wie bei ***-te*-Form**:
1. *-ru*-Gruppe:
*deki.**ru** → deki.**tara***
2. *-u*-Gruppe:
a) ***-s** → **-shi.tara***
*saga**s.u** → sagashi.**tara***
b) ***-r** → **-t.tara***
*u**r.u** → u**t.tara***
c) ***-a, -i, -o** → **-t.tara***
*k**a.u** → ka**t.tara***
i.u** → **it.tara
*om**o.u** → omo**t.tara***
d) ***-m** → **-n.dara***
*no**m.u** → no**n.dara***
e) ***-k** → **-i.tara***
*tsu**k.u** → tsu**i.tara***
f) ***-g** → **-i.dara***
*oyo**g.u** → oyo**i.dara***
g) **unregelmäßig:**
ik.u** → **it.tara
3. ***-uru*-Gruppe:**
*s.**uru** → **shi.tara***
*k.**uru** → **ki.tara***

„Bitte nicht!“
Tätigkeitswort + Verneinung *-na.i* + *-de kudasai!*
*wasure.**na.i.de kudasai**:*
Vergessen Sie **bitte nicht**!

Übungen

Verbinden Sie die Tätigkeitswörter mit „wenn" nach dem Schema: „Wenn wir angekommen sind, informieren Sie mich bitte" (erst *-tara*-Form, dann *-te*-Form + *kudasai*).

1. Wenn das Wörtchen „wenn" nicht wär ...

*Tsui.**tara**, oshie.**te kudasai**.*

1. tsuk.u – oshie.ru
2. Tōkyō.ni kur.u – oshie.ru
3. kutsu.o nug.u – heya.ni hair.u
4. fuku.o nug.u – o.furo.ni hair.u
5. hon.o ka.u – o.kane.o hara.u

Bitte erst denken, dann ankreuzen.

2. Welche Erwiderung passt?

1. Nan.ban.me.no basutei desu.ka?
   a ☐ Go.ban.me.desu.
   b ☐ Hai, sō.desu.
2. Kono basu.de Tōkyō.ni ik.e.masu.ka?
   a ☐ Sugu ori.te kudasai.
   b ☐ Hai, ik.e.masu.
3. Doko.de ori.masu.ka?
   a ☐ Hai, mochiron.
   b ☐ Tōdai.mae desu.

Damit Sie sich orientieren können und nicht nur *eki* verstehen, üben Sie hier passend zu fragen. Das verbindende *-no* nicht vergessen, bitte!

3. Die wie vielte Bushaltestelle?

▶ 2/19

*Nan.ban.me.no **basutei**.desu.ka?*

1. basutei
2. deguchi
3. michi
4. seki
5. eki
6. hoteru
7. kissaten
8. heya

Die kleinen Wörter sind ganz schön tückisch. Fügen Sie zusammen, was sich entspricht.

4. Kleine Wörter

1. sugu
2. zannennagara
3. mō
4. ōkei
5. mochiron

a ☐ schon
b ☐ natürlich
c ☐ sofort
d ☐ leider
e ☐ okay

Wie drückt man's aus? Erst das Tätigkeitswort mit *-nai* verneinen, dann *-de kudasai* dran hängen. Und essen Sie hier bitte nicht! (Schon vergessen? Verneinung s. S. 87)

5. Bitte nicht!

***O.tsuri.o wasure**.na.i.de kudasai!*

1. o.tsuri.o wasure.ru
2. kono konbini.de nomimono.o ka.u
3. kono heya.de mats.u
4. Amerika.ni ik.u
5. koko.de o.sushi.o tabe.ru

Zannennagara hair.e.masen

2/20

shashin	Foto
shashin.o tor.u/tori.masu	fotografieren
fuirumu	Film
baiten	Kiosk/Stand
tate.ru/tate.masu	bauen
tatemono	Gebäude
niwa	Garten
mi.ru/mi.masu	ansehen
aidea	Idee
sanpo	Spaziergang

● Koko.de shashin.o tot.te.mo i.i.desu.ka?	Darf man hier fotografieren?
■ Hai, i.i.desu.yo.	Ja, darf man wohl!
● A, mō fuirumu.ga ari.masen.	Ah, mein Film ist schon zu Ende.
■ Daijōbu.desu. Asoko.no baiten.de ut.te i.masu.	Kein Problem. In dem Kiosk dort drüben werden sie verkauft.
● A, yokat.ta. Kinkaku.ji.wa itsu tate.rare.mashita.ka?	Ah, wie gut. Wann wurde der Goldene Tempel erbaut?
■ Sen san.byaku kyū jū nana. nen.ni tate.rare.mashita.	Er wurde 1397 erbaut.
● Tatemono.ni hait.te.mo i.i.desu.ka?	Darf man in dieses Gebäude hineingehen?
■ Īe, zannennagara hair.e.masen.	Nein, leider kann man nicht hineingehen.
● Jā, niwa.o mi.mashō.	Also, sehen wir uns den Garten an.
■ I.i aidea.desu.ne.	Das ist eine gute Idee, nicht?
● Sanpo.o shi.mashō.	Machen wir einen Spaziergang!

dürfen ... auch wenn
te*-Form + *-mo i.i.desu
wörtlich: es ist gut *(i.i)*, auch *(-mo)* wenn man etwas tut = man darf
*koko.de shashin.o tot.**te.mo** **i.i.desu**.ka?*: **Ist es gut, auch wenn** man hier fotografiert? = **darf** man hier fotografieren?

Passiv

1. *-ru*-Gruppe:
-ru* → *-rare.ru
*tater.**u*** → *tater.**are.ru***
(erbaut werden)
*tabe.**ru*** → *tabe.**rare.ru***
(gegessen werden)

2. *-u-Gruppe:*
-u* → *-are.ru
*nom.**u*** → *nom.**are.ru***
(getrunken werden)
Achtung, bei Stamm auf ***-a, -i, -o* → *-w.are.ru***
i.u → ***iw.are.ru***
(gesagt werden)
ara. u → *ara**w.are.ru***
(gewaschen werden)

3. *-uru*-Gruppe:
*s.**uru*** → *s**a.re.ru***
(getan werden)
*k.**uru*** → *k**o.rare.ru***
(gekommen werden)

im Jahr ... : *-nen + -ni*
im Jahr 1999: *sen kyū.hyaku kyu jū kyū. **nen.ni***

Übungen

Fragen Sie um Erlaubnis. Das sollten Sie in Japan lieber einmal zu viel als zu wenig tun – Sie sind dort im Land der Höflichkeit!

1. Darf ich?

Koko.de shashin.o tot*.te.mo i.i.desu.ka?*

1. koko.de shashin.o tor.u
2. kono basu.de ik.u
3. tatemono.ni hair.u
4. kissaten.de kōhī.o nom.u
5. atsu.i o.furo.ni hair.u

Sorgen Sie bitte für Ordnung. Kleine Hilfe: Satzanfang = groß, Satzende =./? Aber die Anhängsel müssen Sie selber platzieren.

2. Kunterbunt geht's rund

-ga / -o / -ni / ka / -wa

1. tot.te.mo – Shashin. ____ – i.i.desu.ka?
2. i.i.desu. ____ ? – Tatemono. ____ – hait.te.mo
3. Mō – ari.masen. – fuirumu. ________
4. tatemono. _____ – Kono – tate.rare.mashita.ka? – itsu

Schade, schon zu Ende, z. B. Ihr Bier. Sie werden überrascht sein, wie schnell Sie dann ein neues bekommen.

3. Finito

2/21

***Mō** fuirumu.**ga ari.masen**.*

1. fuirumu
2. o.sake
3. bīru
4. kōhī
5. miruku
6. hon
7. hana
8. shinbun
9. densha
10. basu

Kyō-to
1. ***kyō*** = Hauptstadt
2. ***to*** = Stadt

Kyōto = Hauptstadt-Stadt heißt deshalb so, weil es bis 1868 Hauptstadt war; dann wurde es *Tōkyō*, was so viel wie „östliche Hauptstadt" bedeutet.

4. Kanji

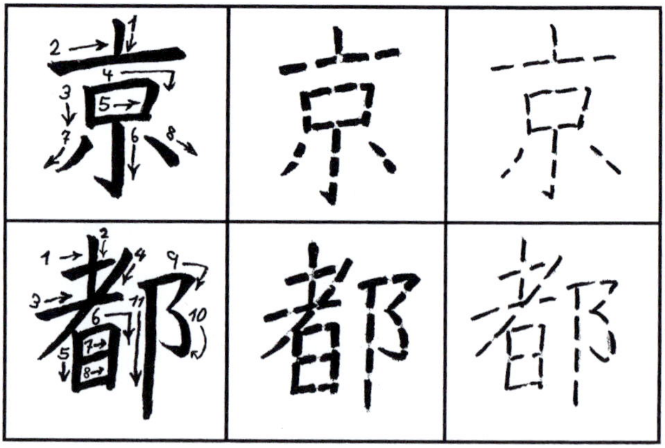

Jenseits der Finsternis

„Was mir den tiefsten Eindruck gemacht hat, ist die unverkennbare Heiterkeit der Religion. Ich habe nichts Finsteres, nichts Strenges oder Asketisches gesehen, ja, es ist mir nicht einmal ein besonderes Gepräge der Feierlichkeit aufgefallen ... Die Leute nehmen ihre Religion leicht und fröhlich.“ So beschrieb sie Lafcadio Hearn Ende des 19. Jahrhunderts und trifft damit immer noch den Kern japanischer Religiosität. Die Japaner gehen sehr pragmatisch mit ihrem Glauben um. Am weitesten verbreitet ist der sehr naturverbundene *Shintō*-Glaube. Die Götter halten sich überall auf: an einem Wasserfall, in einem alten Baum oder an einem besonderen Felsen. Dort wird ein *jinja* (Schrein) errichtet, und schon ist man den Göttern nah.

Der *Shintō*-Glaube kennt unendlich viele Götter, die sich um alle Belange des Menschen kümmern. Man muss sie nur bitten und ihnen etwas spenden, vor einer schwierigen Prüfung, in persönlichen Lebenskrisen oder einfach nur zum Schutz im Straßenverkehr. Der *Shintō*-Priester segnet gegen einen kleinen Obolus sogar das neue Auto.

Für den Tod allerdings ist der Buddhismus mit seiner ins Jenseits gewandten Heilserwartung zuständig. Und so werden Begräbniszeremonien in buddhistischen Tempeln *(o.tera)* abgehalten. In vielen japanischen Häusern findet sich sowohl ein shintōistischer als auch ein buddhistischer Hausaltar zum Schutz der Lebenden und im Angedenken an die Toten. Und weil's so romantisch ist, heiraten Japanerinnen auch gern in Weiß in einer Kapelle – gesegnet von einem christlichen Priester.

Lafcadio Hearn
Der Schriftsteller, Sohn eines irischen Militärarztes und einer Griechin, ging 1890 nach Japan und lebte dort bis zu seinem Tod 1904. Er gilt als einer der besten Japankenner seiner Zeit – schließlich war er mit einer Japanerin verheiratet. Er nahm ihren Familiennamen an und ist in Japan besser unter seinem japanischen Namen Koizumi Yakomo bekannt.

Aberglaube
o.mamori: Glücksbringer für unterwegs und zu Hause.
o.mikuji: Orakelzettel. Ob negativ oder positiv, man lässt sie im heiligen Bezirk zurück; die Götter kümmern sich darum.
ema: Wunschtafeln für alle Lebenslagen. Wenn's hilft ...

16

Wo suchen?

kōban

Die über 15.000 kleinen Häuschen sind Tag und Nacht mit Schutzpolizisten besetzt. Sie dürfen nicht mit der *keisatsu* (Polizei) verwechselt werden, die für die „echte" Verbrechensbekämpfung zuständig ist! Der *kōban*-Schutzmann kennt sein Viertel, die Nachbarschaft, die Familien, die dort wohnen. Der *kōban*-Mann hilft, schützt, sorgt für Ruhe und Ordnung – ein Ordnungshüter im besten Sinne des Wortes.

Hanna steht fassungslos vor dem Kiosk, an dem sie gerade einen Film kaufen wollte: *Are, saifu.ga ari.masen!* (Huch, mein Geldbeutel ist weg!) Alles hat sie durchsucht, der Geldbeutel bleibt veschwunden. Nun hat sie ein echtes Problem, denn auch ihr Reisepass ist weg. Der Kommentar ihrer neuen Freundin: *Hontō.ni komari.mashita* (Du bist wirklich in Schwierigkeiten geraten).
Zum Glück gibt es in jedem Viertel an irgendeiner Ecke ein *kōban* (Polizeihäuschen). Dort kann man um Hilfe bitten: eine unauffindbare Adresse, ein vermisstes Kind oder ein verlorener Geldbeutel – die Polizei, dein Freund und Helfer.
Als der junge Mann in Uniform allerdings die Ausländerin auf sich zukommen sieht, reagiert er zurückhaltend; er spricht kein Englisch. *Daijōbu.desu.* (Das ist in Ordnung), schließlich kann Hanna *Nihon.go* (Japanisch). Sie erklärt ihre missliche Lage, hinterlässt *namae* (Name), *jūsho* (Adresse) und *denwa-bango* (Telefonnummer) und hofft, dass ein ehrlicher Finder den Geldbeutel abgibt. Tröstend, dass sie des öfteren Geschichten über die Ehrlichkeit der Japaner gehört hat: wiedergefundene Brieftaschen samt Geld, teure Kameras, Handys und Koffer mit wertvollem Inhalt, das meiste taucht wieder auf. Einziges Problem: Wo soll die Suche beginnen? Bei der Polizei, im Fundbüro oder beim Bahnhofsvorsteher?

Are, saifu.ga ari.masen!

16 A

2/22

are!	huch!
saifu	Geldbeutel
kaban	Tasche
chanto	ordentlich/richtig
kedo	aber
mitsukar.u/mitsukari.masu	finden
sore.wa	also
komar.u/komari.masu	in Schwierigkeiten geraten
pasupōto	Ausweis
chikaku	Nähe
kōban	Polizeihäuschen
kik.u/kiki.masu	fragen

● Are, saifu.ga ari.masen!	Huch, mein Geldbeutel ist weg!
■ Kaban.no naka.o chanto sagashi.mashita.ka?	Hast du das Innere deiner Tasche ordentlich durchsucht?
● Hai, zenbu sagashi.ta, kedo mitsukari.masen.	Ja, ich habe alles durchsucht, aber ich finde ihn nicht.
■ Sore.wa komari.mashita.ne.	Also bist du in Schwierigkeiten geraten, nicht wahr?
● Pasupōto.mo hait.te i.masu.	Mein Ausweis ist auch drin.
■ Hontō.ni komari.mashita.	Du bist wirklich in Schwierigkeiten geraten.
● Dō shi.mashō?	Was soll ich tun?
■ Kinkaku.ji.no chikaku.ni kōban.ga ari.masu.	In der Nähe vom Goldenen Tempel gibt es ein Polizeihäuschen.
● Jā, asoko.de kiki.mashō.	Also, fragen wir dort nach!

Ausrufe
Im Alltag wie auch in den berühmten *manga* (Comics), die in Millionen-Auflagen an Jung und Alt verkauft werden, oft benutzte Ausrufe hier in gesammelter Form:

ā! – ah!
are! – ach!
ē? – hä?
hora! – hoppla!/hey!
ita! – autsch!
sā! – nun!
uwā! – huch!
yā! – hey! (positiv)

*saifu.ga **ari.masen**:*
wörtlich: es **gibt nicht** den Geldbeutel = mein Geldbeutel ist weg

***dō** shi.mashō*
wörtlich: **wie** soll ich tun? = was soll ich tun?

hair.u – hineingehen
hai.te i.ru – drin sein

16 A

Übungen

Wir drücken Ihnen die Daumen, dass Ihr Geldbeutel wieder auftaucht! In der Zwischenzeit können Sie hier übersetzen üben.

1. Nihon.go bitte!

1. Huch, mein Geldbeutel ist weg!
2. Also bist du in Schwierigkeiten geraten.
3. Was soll ich tun?
4. Mein Pass ist auch drin.

Was gibt es in der Nähe des Goldenen Tempels, der Wohnung, des Bahnhofs, der Universität, des Krankenhauses?

2. In der Nähe

***Kinkaku**.ji.no chikaku.ni **kōban**.ga ari.masu.*

1. Kinkaku.ji – kōban
2. apāto – kōen
3. eki – hoteru
4. daigaku – konbini
5. byōin – yakkyoku

Verbinden Sie die beiden Teile mit *-kedo*. Das erste Tätigkeitswort steht dabei in der Vergangenheit, das zweite sollen Sie verneinen.

3. Aber

*Zenbu sagashi.ta, **kedo** mitsukari.masen.*

1. zenbu sagas.u – mitsukar.u
2. kōban.de kik.u – wakar.u
3. kutsu.o nug.u – naka.ni hair.e.ru
4. sugu ik.u – o.furo.ni hair.e.ru
5. konbini.de sagas.u – ar.u

Haben Sie wirklich überall nachgeschaut? In der Tasche, im Geldbeutel, im Schließfach ... ? Durchsuchen Sie alles noch mal und bilden Sie dazu Fragen.

4. Ordentliche Durchsuchung

▶ 2/23

***Kaban**.no naka.o chanto sagashi.mashita.ka?*

1. kaban
2. saifu
3. rokkā
4. heya
5. densha
6. basu
7. kōen
8. ryokan
9. kissaten
10. byōin

Nihon.go.ga hanas.e.masu

16 B

2/24

ei.go	Englisch
Nihon.go	Japanisch
hanas.u/hanashi.masu	sprechen
nakus.u/nakushi.masu	verlieren
jūsho	Adresse
kak.u/kaki.masu	schreiben/aufschreiben
denwa	Telefon
bango	Nummer
denwa-bango	Telefonnummer
ir.u/iri.masu	brauchen

● Konnichiwa.	Guten Tag.
■ Konnichiwa. Ei.go.ga wakari.masen!	Guten Tag. Ich verstehe kein Englisch!
● Daijōbu.desu. Nihon.go.ga hanas.e.masu.	Das ist in Ordnung. Ich kann Japanisch sprechen.
■ Sore.wa yokat.ta. Nan.desu.ka?	Also, das ist gut. Was gibt es?
● Komari.mashita.	Ich bin in Schwierigkeiten geraten.
■ Dō shi.mashita.ka?	Was haben Sie gemacht?
● Saifu.o nakushi.mashita.	Ich habe meinen Geldbeutel verloren.
■ Anata.no nama.e.wa nan.desu.ka?	Wie ist Ihr Name?
● Hanna Burume.to ii.masu.	Ich heiße Hanna Blume.
■ Namae.to jūsho.o kai.te kudasai.	Schreiben Sie bitte Ihren Namen und Ihre Adresse auf.
● Denwa-bango.mo iri.masu.ka?	Brauchen Sie auch die Telefonnummer?
■ Hai, o.negai shi.masu.	Ja, ich bitte darum.

Sprachen
Ländername + ***-go:***
*ei.**go**:* Englisch
*Nihon.**go**:* Japanisch
*Doitsu.**go**:* Deutsch
*Furansu.**go**:* Französisch
*Itaria.**go**:* Italienisch
*Supein.**go**:* Spanisch
*Chūgoku.**go:*** Chinesisch
*Roshia.**go**:* Russisch

können
1. schon bekannt
   -u-Gruppe: ***-u*** → ***-e.ru:***
   *hanas.**u*** → *hanas.**e.ru***
   (ich kann sprechen)
   *kak.**u*** → *kak.**e.ru***
   (ich kann schreiben)
2. noch nicht bekannt
   Was ich **kann**, steht mit ***-ga: Nihon.go.ga*** *hanas.e.ru:* Ich kann **Japanisch** sprechen.
   Kanji.ga *kak.e.ru:* Ich kann **chinesische Zeichen** schreiben.

wakar.u + -ga
Ebenso steht das, was ich **verstehe**, mit ***-ga:***
Nihon.go.ga *wakari.masu:* Ich verstehe **Japanisch.**
Doitsu.go.ga *wakari.masu:* Ich verstehe **Deutsch**.

Übungen

Setzen Sie die Anhängsel in die richtige Lücke ein.

1. Anhängliche Anhängsel

-ka / -ga / -wa / -desu / -go

1. Ei.go. __________ wakari.masen.
2. Daijōbu. _________________.
3. Nihon. ___________.ga hanas.e.masu.
4. Sore._________________ yokat.ta.
5. Dō shi.mashita._______________?

Sie werden zum Könner mit dieser Übung – bilden Sie entsprechende Sätze. Erinnern Sie sich an die Alternative für die hier benutzte Form? *Hanas.u koto.ga deki.ru.*

2. Könnerschaft

***Nihon.go**.ga **hanas.e.masu**.*

1. Nihon.go – hanas.u
2. Nihon.go – kak.u
3. Doitsu.go – hanas.u
4. o.sake – nom.u
5. i.i hon – ka.u

Falls Sie doch einmal Probleme haben, etwas zu verstehen, dann können Sie dem nach dieser Übung Ausdruck verleihen. Zur Erinnerung: Was Sie nicht verstehen, steht mit *-ga*.

3. Ich verstehe nicht

2/25

***Ei.go**.ga wakari.masen.*

1. Ei.go
2. Nihon.go
3. Doitsu.go
4. Furansu.go
5. densha.no nori-kae
6. basu.no nori-kae
7. kono aidea
8. daigaku.no benkyō

ei-go
1. ***ei*** = brilliant/begabt
2. ***-go*** = Wort

ei-go = englische Sprache
Die Konstruktion ist allerdings die Ausnahme, die anderen Sprachen werden mit Land + *-go* gebildet: *Doitsu.go* = Deutsch.

Noch eine Ausnahme:
koku = Land (s. Seite 82)
kokugo = Japanisch.

4. Kanji

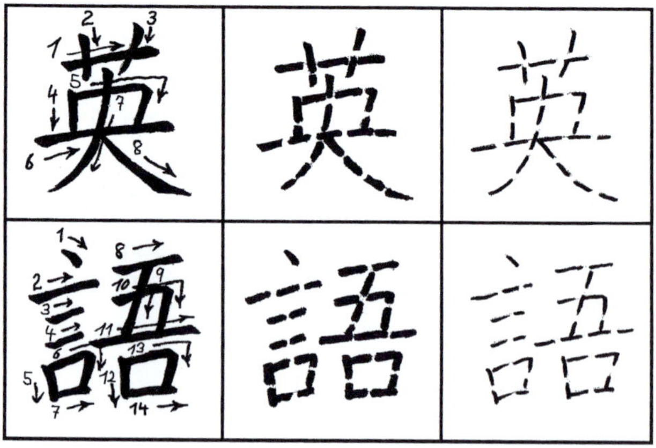

Sauber und sicher

16

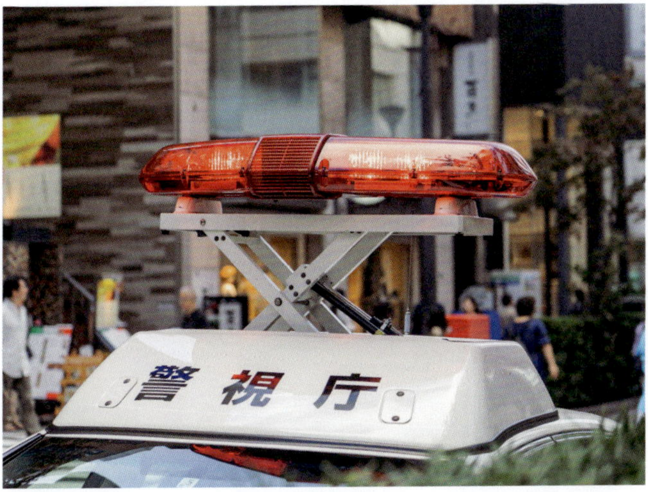

Japan gilt mit seiner geringen Kriminalität als eines der sichersten Länder der Welt. Zurecht. Ohne Gefahr für Leib und Leben kann man sich zu jeder Tages- und vor allem Nachtzeit auch in den Metropolen bewegen. Einbrüche kommen so gut wie nie vor ebenso wenig wie Diebstähle. Ausnahme: Regenschirme und Fahrräder. Sein Gepäck kann man ruhigen Gewissens für einen Moment unbeaufsichtigt stehen lassen. Vor allem auf dem Land und in kleineren Städten bleiben Häuser tagsüber unverschlossen, auch wenn niemand da ist.

Verbrechen – Prostitution, Glücksspiel, Schutzgelderpressung und Drogenhandel – spielen sich in organisierten Kreisen ab. Aber auch in den traditionellen Gangsterfamilien, den *yakuza,* herrschen strenge Regeln und Gesetze. Loyalität ist wichtig allerorten: dem Ansehen der Gruppe, der Familie, der Nachbarschaft, des Dorfes darf nicht geschadet werden. Soziale Kontrolle beugt vor.

Wird doch einmal ein schweres Verbrechen verübt, greift der Staat durch: Die Todesstrafe existiert noch immer in Japan. Ansonsten werden Konflikte selten vor Gericht ausgetragen; Schlichtung und Einigung ohne unbeteiligte Dritte werden angestrebt. Der Nachteil: man mischt sich auch in der Öffentlichkeit nicht in die Angelegenheiten anderer Leute ein. Das, was wir Zivilcourage nennen, ist in Japan deshalb nur schwer zu finden. Und Fremden gegenüber begegnet man erst einmal mit Argwohn ...

Laute Lautsprecher
„Vergessen Sie Ihren Regenschirm nicht!", „Achten Sie beim Verlassen der Rolltreppe auf Ihre Füße", „Halten Sie sich bei der Einfahrt des Zuges jenseits der weißen Linie!"

Überall in Japans öffentlichen Gebäuden, in Zügen, am Bahnsteig, im Vergnügungspark, auf Rolltreppen wird beschallt. Die Westler nervt's, die Japaner nicht. So sind sie eben, immer umeinander besorgt. *Ki.o tsukete* (pass auf dich auf)!

T

Test 4

Mal schauen, ob etwas hängen geblieben ist. Nur eine Antwort macht wirklich Sinn und ist richtig.

1. Welche Antwort stimmt?

1. Am 9. August 1945 fiel die zweite Atombombe auf …
   a ☐ Tōkyō.
   b ☐ Kyōto.
   c ☐ Nagasaki.

2. *Gaijin* ist die japanische Bezeichnung für …
   a ☐ einen Außerirdischen.
   b ☐ einen Aussteiger.
   c ☐ einen Ausländer.

3. In einem *onsen* …
   a ☐ werden Ausländer getränkt.
   b ☐ nehmen Japaner ein heißes Bad.
   c ☐ reden alle Unsinn.

4. In Japan gibt es neben Buddhisten auch viele …
   a ☐ Hindus.
   b ☐ Mormonen.
   c ☐ Shintoisten.

5. Der Shintoismus kennt …
   a ☐ nur einen einzigen großen Gott in Gestalt des Berges Fuji.
   b ☐ unendlich viele Götter.
   c ☐ keine Gnade und nur die ewige Verdammnis.

6. Unter *kōban* versteht man …
   a ☐ ein Polizeihäuschen, in dem man Rat und Hilfe findet.
   b ☐ eine Bahn, mit der Angestellte (& Co.) zur Arbeit fahren.
   c ☐ ein Frauengefängnis, in dem nur Ausländerinnen einsitzen.

Die Fragen werden immer länger, aber wer genau hinschaut, der findet auch hier die richtige Antwort und damit die Lösung. Wie lange dauerte es noch mal bis zum *Heiwa-kōen?*

2. Fragen und Antworten

1. Namae.wa nan.desu.ka?
2. Kitsuen-seki.desu.ka?
3. Fuku.wa dō shi.masu.ka?
4. Shashin.o tot.te.mo i.i.desu.ka?
5. Nan.ban.me.no basutei.desu.ka?
6. Heiwa-kōen.made dono.gurai kakari.masu.ka?

a ☐ Hai, i.i.desu.yo.
b ☐ Go.ban.me.desu.
c ☐ Īe, zenbu kin'en.desu.
d ☐ Jup.pun.gurai.desu.
e ☐ Hanna Burume.to ii.masu.
f ☐ Rokkā.ni ire.te, kagi.o kake.masu.

3. Was fehlt?

Hier fehlen mal wieder die Anhängsel, diesmal bezeichnen sie Mengenangaben u. a. Finden Sie die richtigen heraus? Bei 2. stellen Sie sich bitte vor, Sie seien in Japan und nicht in Europa oder in den USA: *-yūro* = Euro, *-doru* = Dollar.

1. Jup.________.gurai.desu.
   a ☐ -pon
   b ☐ -haku
   c ☐ -pun

2. Go jū.________.desu.
   a ☐ -yūro
   b ☐ -doru
   c ☐ -en

3. Go.ban.________.desu.
   a ☐ -hon
   b ☐ -me
   c ☐ -man

4. Mae.kara roku.________.me.no mado-gawa.desu.
   a ☐ -ban
   b ☐ -ji
   c ☐ -kai

5. Sen san.byaku kyū jū nana.________.ni tate.rare.mashita.
   a ☐ -gatsu
   b ☐ -nichi
   c ☐ -nen

6. Ei.________.ga wakari.masen.
   a ☐ -jin
   b ☐ -go
   c ☐ -sai

4. Wie sagt man das auf Japanisch?

Haben Sie schon eine *aidea,* wie man die Sätze ins Japanische übersetzt? Wenn nicht, blättern Sie ein wenig zurück – ein Blick auf die letzten acht Dialoge hilft weiter. Kleine Frage am Rande: Verstehen Sie auch kein *ei.go*?

1. Was kostet das?
2. Das habe ich nicht gewusst.
3. Ich bin fertig.
4. Lass uns hineingehen!
5. Das ist eine gute Idee.
6. Ich verstehe kein Englisch.

17

Kein Geld mehr

hanko
Japaner unterschreiben nicht mit ihrem guten Namen. Sie drücken Formularen ihren Stempel auf, ihren *hanko* (Namensstempel). Den lassen sie sich in speziellen *hanko*-Läden anfertigen. Nicht so betuchte Leute mit geläufigen Namen können ein fertiges Exemplar erstehen. Registriert wird der *hanko* auch, und zwar auf dem *kuyakusho* (Bezirksamt) oder *shiyakusho* (Bürgermeisteramt). Die Registrierung ist als „Echtheitszertifikat" immer mit sich zu führen – Bürokratie auf Japanisch.

Glück gehabt, Hannas Geldbeutel ist wieder aufgetaucht. Zurück bei ihren Freunden in Tōkyō erzählt sie von ihrem Abenteuer: *Kyōto.ni it.ta toki.ni, saifu.o nakushi.te shimai.mashita.* (Als ich nach Kyōto gefahren bin, habe ich leider meinen Geldbeutel verloren.) Aber am nächsten Tag hat bereits der Polizist vom *kōban* angerufen. Wirklich, *rakkī.deshita* (Glück gehabt).
Und das Allerschönste: Ihr ganzes Geld war noch drin. Das hat sie aber bald ausgegeben, denn Kyōto ist ein relativ teures Pflaster. Zurück in Tōkyō will sie dem ehrlichen Finder eine kleine Aufmerksamkeit besorgen. Dazu braucht sie aber erst einmal wieder Geld. Ein Gang zur nächsten Bank steht an.
Ein paar Reiseschecks hat Hanna noch übrig. *Toraberāzu-chekku.o genkin.ni kae.tai.desu* (Ich möchte Reiseschecks in Bargeld umtauschen), erklärt sie der Bankangestellten. Dann macht Hanna Bekanntschaft mit der japanischen Bürokratie: einen *hanko* (Namensstempel) hat sie nicht – also: hier unterschreiben, da ihren Namen eintragen, Adresse und Telefonnummer nicht vergessen und dort noch eine Unterschrift. Dann heißt es: *Pasupōto.o mise.te kudasai.* (Zeigen Sie mir bitte Ihren Pass.) Die junge Frau verschwindet und redet mit dem Vorgesetzten. Der stempelt das Formular ab und überprüft den Scheck. Nach 20 Minuten bekommt Hanna endlich ihre *san.man.en* (30.000 Yen).

Rakkī.deshita

2/26

toki	Zeit, als, wenn
tsugi	der/die/das nächste
hi	Tag
de.te k.uru/ki.masu	auftauchen
dare?	wer?
mitsuke.ru/mitsuke.masu	finden
rakkī	Glück
takusan	viel
tsuka.u/tsukai.masu	ausgeben (Geld)
ginkō	Bank

● Kyōto.ni it.ta toki.ni, saifu.o nakushi.te shimai.mashita.	Als ich nach Kyōto gefahren bin, habe ich leider meinen Geldbeutel verloren.
■ Sore.wa taihen.deshita.ne.	Also das war ja schrecklich, nicht?
● Demo tsugi.no hi.ni de.te ki.mashita.	Aber am nächsten Tag ist er wieder aufgetaucht.
■ Dare.ka.ga mitsuke.mashita.ka?	Hat ihn jemand gefunden?
● Hai. Rakkī.deshita.	Ja. Ich hatte Glück.
■ O.kane.wa takusan hait.te i.mashita.ka?	War viel Geld drin?
● Hai. Demo ima o.kane.ga ari.masen.	Ja. Aber jetzt habe ich kein Geld mehr.
■ Naze.desu.ka?	Warum?
● Kyōto.de zenbu tsukat.te shimai.mashita.	In Kyōto habe ich alles komplett ausgegeben.
■ Ginkō.ni iki.tai.desu.ka?	Willst du zur Bank gehen?
● Hai, sō.desu.ne.	Ja, so ist es.

***-toki.ni:* in der Zeit, als/wenn,** davor stehen Tätigkeits- und Eigenschaftswörter in ihrer kürzesten, einfachsten Form: *Kyōto.ni it.**ta toki.ni**:* als ich nach Kyōto gefahren bin

Zweimal *-te + shima.u*

1. **leider:** *saifu.o nakushi.**te shimai.mashita**:* ich habe **leider** meinen Geldbeutel verloren
2. **komplett:** *zenbu tsukat.**te shimai.mashita**:* ich habe alles **komplett** ausgegeben

de.te.kuru: auftauchen von *de.ru* (herausgehen) + *k.uru* (kommen) = herauskommen

mitsuke.ru: ich selbst finde (aktiv) etwas
mitsukar.u: jemand anderes findet etwas/es findet sich/wird gefunden

17 A

Übungen

Sie Unglücksrabe haben alles Mögliche verloren ... Setzen Sie die Tätigkeitswörter in die Vergangenheit (ein Blick auf S. 61 hilft) und dann wie im Beispiel.

1. Als ich ...

***Kyōto.ni it.ta** toki.ni, **saifu**.o nakushi.te shimai.mashita.*

1. Kyōto.ni ik.u – saifu
2. Tōkyō.ni tsuk.u – o.kane
3. o.furo.ni hair.u – kagi
4. kissaten.ni ik.u – kaban
5. benkyō.o sur.u – hon

Zur Entspannung die Sätze einfach nur nachsprechen. Die Bedeutung steht im Lösungsschlüssel.

2. Papageilesisch

2/27

1. Kyōto.ni it.ta toki.ni, saifu.o nakushi.te shimai.mashita.
2. Sore.wa taihen.deshita.ne.
3. Saifu.wa tsugi.no hi.ni de.te ki.mashita.
4. Sore.wa yokat.ta.
5. Rakkī.deshita.
6. Ginkō.ni iki.tai.desu.

Erinnern Sie sich daran: Fragewort + *-ka* = irgend ... Jetzt bleibt nur noch die Frage: Was heißt hier was?

3. Irgendwie, irgendwo, irgendwann ...

1. dare.ka	a ☐ irgendwo
2. nani.ka	b ☐ irgendwer
3. doko.ka	c ☐ irgendwann
4. itsu.ka	d ☐ irgendwas

Komplett auf Japanisch mit *-te shimai.mashita*, bitte. Komplett fertig mit den Nerven? Siehe S. 61.

4. Bis zum bitteren Ende

*Kyōto.**de** o.kane.**o zenbu tsukat.te shimai.mashita**.*

1. Kyōto – o.kane.o tsuka.u
2. o.furo – sekken.o tsuka.u
3. kissaten – kōhī.o nom.u
4. izakaya – yakitori.o tabe.ru

Es fehlt Ihnen z. B. das Geld. Was Sie jetzt nicht haben, steht mit *-ga*.

5. Kein Geld, keine Arbeit, keine Idee ...

*Ima **o.kane**.ga ari.masen.*

1. o.kane
2. shigoto
3. aidea
4. genki
5. heya
6. shinbun
7. sekken
8. nomimono
9. kirei.na kutsu
10. i.i fuku

Pasupōto.o mise.te kudasai

2/28

toraberāzu-chekku	Reisescheck
genkin	Bargeld
kae.ru/kae.masu	umtauschen
dewa	also
madoguchi	Schalter
mise.ru/mise.masu	zeigen
kami	Zettel/Papier
kaki-ire.ru/kaki-ire.masu	ausfüllen
sain	Unterschrift
hitsuyō.na	nötig

● Toraberāzu-chekku.o genkin.ni kae.tai.desu.	Ich möchte Reiseschecks in Bargeld umtauschen.
■ Dewa kochira.no madoguchi.e dōzo.	Dann kommen Sie bitte zu diesem Schalter.
● San.man.en.o genkin.ni kae.tai.desu.	Ich möchte 30.000 Yen in Bargeld umtauschen.
■ Pasupōto.o mise.te kudasai.	Zeigen Sie mir bitte Ihren Pass.
● Hai, dōzo.	Ja, bitte.
■ Kono kami.ni kaki-ire.te kudasai.	Füllen Sie diesen Zettel aus, bitte.
● Namae.to jūsho.mo kaka.na.kereba nari.masen.ka?	Muss ich meinen Namen und meine Adresse auch schreiben?
■ Hai, koko.ni o.namae.to go.jūsho.o kai.te kudasai.	Ja, schreiben Sie hier bitte Ihren Namen und Ihre Adresse hin.
● Sain.mo hitsuyō.desu.ne.	Meine Unterschrift ist auch nötig, nicht wahr?
■ Hai. Koko.ni o.negai shi.masu.	Ja, hier bitte.
● Deki.mashita.	Fertig.
■ Dewa, ichi – ni – san.man.en – dōzo.	Also, bitte: 1 – 2 – 30.000 Yen.
● Dōmo.	Danke.

***kaki-ire.ru:* ausfüllen**
von *kak.u* (schreiben) + *ire.ru* (hineintun) = hineinschreiben/ausfüllen

müssen: *-a.na.kereba nari.masen*
1. *kak.**u** (schreiben)* → einfache Verneinung (siehe S. 87) ***-a.na.i:*** → *kak**a.na.i*** (nicht schreiben)
2. ***-i*** durch ***-kereba nari.masen*** ersetzen: *kak**a.na.kereba nari.masen**:* schreiben **müssen**

genauso:
*ka.u – kaw**a.na.i**:*
nicht kaufen → *kaw**a.na.kereba nari.masen**:*
kaufen **müssen**

Zweimal höflich
1. ***o-:*** für rein japanische Wörter, nur mit einem Kanji: ***o**.namae:* Ihr **ehrenwerter** Name
2. ***go-*** für Wörter, die aus mehreren Kanji bestehen: ***go**.jūsho:* Ihre **ehrenwerte** Adresse

Währungen

-en:	Yen
-yūro:	Euro
-doru:	Dollar
-furan:	Franken

17 B

Übungen

Spielen Sie Bürokrat. Fordern Sie auf, Name, Adresse, Unterschrift etc. zu schreiben.

1. Schreibübung

*Koko.ni **namae**.o kai.te kudasai.*

1. namae
2. jūsho
3. sain
4. denwa-bangō
5. hitsuyō.na koto

Spielen Sie Tourist und gehen Sie in eine Bank, in der Sie mit Hilfe dieser Übung an Ihr Geld kommen.

2. Geldumtausch

2/29

***San.man.en**.o genkin.ni kae.tai.desu.*

1. san.man.en
2. toraberāzu-chekku
3. sen.yūro
4. ichi.man.furan
5. go jū.doru

Sie werden zum Nein-Sager; dazu benötigen Sie die Verneinung in Kurzform *(-a.na.i)*. *Wakara.na.i?* Sie verstehen nicht? Hilfe finden Sie S. 87.

3. Nicht schreiben

***kak**a.na.i*

1. kak.u
2. ik.u
3. s.uru
4. suwar.u
5. kik.u
6. kae.ru
7. mise.ru
8. mitsuke.ru
9. tsuka.u

Sie müssen einiges erledigen – bitte mit der Form *-a.na.kereba nari.masen*. Die Verneinung kennen Sie ja schon aus Übung 3.

4. Müssen

***Namae.o kak**.ana.kereba nari.masen.*

1. namae.o kak.u
2. ginkō.ni ik.u
3. benkyō.o s.uru
4. arubaito.o sur.u
5. seki.ni suwar.u
6. kōban.de kik.u

***gin-kō:* Bank**

1. *gin* = Silber
2. *kō* = gehen/fahren = sich dorthin begeben, wo das Silber ist = zur Bank.

5. Kanji

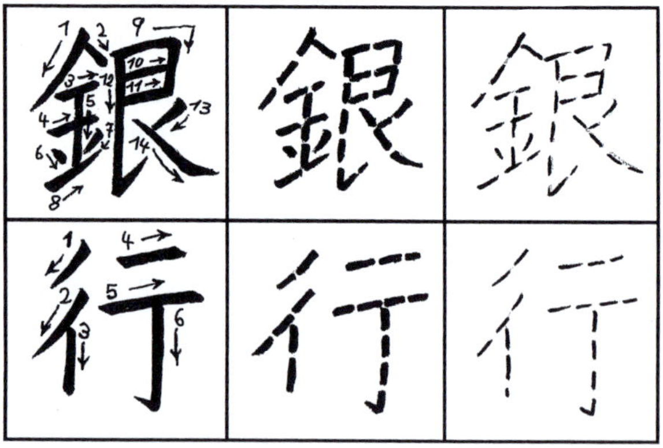

Zeichensprache

Verkehrte Welt: wer in Japan auf einem Formular ein *batsu* (Kreuz) macht, stimmt nicht zu, sondern lehnt ab. Und so bedeuten die entgegengestreckten gekreuzten Zeigefinger: *dame!* (Geht nicht!/ Verboten!). Daumen und Zeigefinger, zu einem Kreis geschlossen dagegen: *okei* (okay) oder *daijōbu* (in Ordnung). Schriftlich funktioniert das so: ein *maru* (Kreis) am Anfang einer Zeile heißt einverstanden.

Nicht der Daumen, sondern der Zeigefinger ist der erste beim Zählen, gefolgt von Mittel-, Ring- und kleinem Finger. Der abgestreckte Daumen macht die Fünf dann rund. Ungewohnt für ungeübte Finger.

Zeigt ein Japaner auf seine Nase, dann hat er nicht etwa ein Pickelchen auf dem Riechkolben seines Gegenübers entdeckt, sondern er spricht von sich und hat wahrscheinlich gerade *watashi* oder *boku* (ich) gesagt.

Will man jemanden zu sich rufen, hebt man nicht etwa die rechte Hand und bewegt sie zu sich hin. Nein, Japaner strecken die Hand nach unten, bewegen sie zu ihrem Körper und winken so zu sich heran.

Zur Begrüßung und zum Abschied ist die Hand überflüssig, man verbeugt sich, nicht nur einmal, sondern mehrmals, auch beim Danksagen – je höher der Gesprächspartner in der Gesellschaftshierarchie steht, desto tiefer die Verbeugungen. Ganz lustig: Japaner nicken beim Telefonieren, als wollten sie sich verbeugen: *dōmo, dōmo, dōmo* (danke, danke, danke).

Wahlzettel
Japanische Wähler machen bei ihrem Wunschkandidaten kein Kreuz, sondern sie müssen dessen Namen eintragen – problematisch für Analphabeten und Menschen, die die Schriftzeichen nicht beherrschen.

Verbeugung oder Händeschütteln?
Diese Entscheidung führt immer wieder zu Verwirrungen zwischen Ausländern und Japanern. Der auslandserfahrene Japaner streckt die Hand entgegen, der japankundige *gaijin* verbeugt sich ehrfürchtig. Wie man's macht, ist's immer verkehrt.

18

Per Luft – per Wasser

Da geht die Post ab
Die japanische Post ist schnell, zuverlässig und billig, was Postkarten und Briefe angeht. Teurer wird's, wenn es um schwere Pakete geht; der goldene Mittelweg: *saru.bin* (SAL), nicht so teuer wie *kōkū.bin* (schnelle Luftpost) und zudem billiger und schneller als *funa.bin* (Schiffspost), die bis zu zwei Monate unterwegs sein kann.

Adressen
mit *kanji* geschrieben, funktionieren so:

1. Postleitzahl
2. Präfektur *(-ken)* oder Stadt *(-to/-shi/-fu)*
3. Stadtviertel *(-ku/-chō)*
4. Hausnummer
5. Name (dahinter *-sama*); in lateinischen Buchstaben geht's anders herum.

Was gehört zu einem Urlaub auf jeden Fall dazu? Richtig, *hagaki* (Postkarten) an die Lieben daheim. Auch Hanna hat ein paar geschrieben, dazu einen Brief an ihre Großmutter. Sie geht auf die Post: *Kono tegami.o Doitsu.e okuri.tai.desu.* (Ich möchte diesen Brief nach Deutschland schicken.) Leider weiß sie nicht, welche Briefmarken sie benötigt. Der Angestellte auf dem Postamt gibt ihr gerne Auskunft. Sie hofft, dass der Brief ihre Großmutter noch vor ihrer Rückkehr erreicht. Wie lange er wohl braucht? *Mik.ka.gurai* (etwa drei Tage) für die 10.000 Kilometer gen Westen, *haya.i. desu.ne* (das ist schnell, nicht wahr?!)
Sorgen macht ihr der Berg an Unterlagen und Gegenständen, der sich während der letzten drei Wochen angesammelt hat. *Nimotsu.ga ōki.ku nari.mashita* (mein Gepäck ist groß geworden), meint sie zu ihrer Freundin Miyuki. Das beunruhigt sie vor allem, wenn sie daran denkt, dass sie nur 20 Kilo Gepäck mit auf den Flug nehmen darf. *Omo.i.node, chotto shinpai.desu.* (Weil es schwer ist, mache ich mir etwas Sorgen.) Miyuki fällt nur eine Lösung ein: *Dore.ka yubin.de okut.ta hō.ga i.i.deshō.* (Du solltest besser etwas per Post schicken.) Und so machen sie sich ein zweites Mal auf zum *yubin.kyoku* (Postamt).

Haya.i.desu.ne

18 A

▶ 2/30

tegami	Brief
okur.u/okuri.masu	schicken
kitte	Briefmarke
har.u/hari.masu	aufkleben
hagaki	Postkarte
nan.nichi?	wie viele Tage?
mik.ka	drei Tage/der dritte Tag
haya.i	schnell
oso.i	langsam
nano.ka	sieben Tage/der siebte Tag

● Sumimasen. Kono tegami.o Doitsu.e okuri.tai.desu.	Entschuldigung. Ich möchte diesen Brief nach Deutschland schicken.
■ Hyaku jū.en kitte.o hat.te kudasai.	Kleben Sie bitte eine 110-Yen-Briefmarke drauf.
● Kono hagaki.mo okuri.tai.desu.	Diese Postkarte möchte ich auch schicken.
■ Kore.mo Doitsu.desu.ka?	Ist das auch Deutschland?
● Hai, sō.desu. Ikura.desu.ka?	Ja, so ist es. Was kostet das?
■ Hagaki.wa nana jū.en.desu.	Die Postkarte kostet 70 Yen.
● Doitsu.made nan.nichi kakari.masu.ka?	Bis Deutschland, wie viele Tage dauert es?
■ Mik.ka.gurai.desu.	Es sind etwa drei Tage.
● Haya.i.desu.ne.	Das ist schnell, nicht wahr?!
■ Oso.kute.mo, nano.ka.desu.	Auch wenn es langsam ist, sind es sieben Tage.
● Jā, hyaku jū.en kitte.o san.mai, nana jū.en kitte.o yon.mai kudasai.	Also, drei 110-Yen-Briefmarken, vier 70-Yen-Briefmarken bitte.

auch wenn:
-i → -kute.mo:
*oso.**i** – oso.**kute.mo**:* **auch wenn** etwas langsam ist
*haya.**i** – haya.**kute.mo**:* **auch wenn** etwas schnell ist

***nan.nichi?:* wie viele Tage?**
Schon bekannt: **Tage** werden mit ***-nichi*** gezählt, z. B. **ein Tag/der 1.** eines Monats: *ichi.**nichi***

Tage von 2 bis 10
-ka anhängen; was davor steht, muss man auswendig lernen

2 Tage/der 2.:	*futsu.ka*
3 Tage/der 3.:	*mik.ka*
4 Tage/der 4.:	*yok.ka*
5 Tage/der 5.:	*itsu.ka*
6 Tage/der 6.:	*mui.ka*
7 Tage/der 7.:	*nano.ka*
8 Tage/der 8.:	*yō.ka*
9 Tage/der 9.:	*kokono.ka*
10 Tage/der 10.:	*tō.ka*

Zahlen auf **vier**: es wird ***yok.ka*** benutzt
14 Tage: *jū yok.ka*
24 Tage: *ni jū yok.ka* etc.

ein, zwei, drei Blatt
Blätter und Briefmarken werden mit ***-mai*** gezählt. Alles ganz regelmäßig!

18 A

Übungen

Welcher japanische Ausdruck bedeutet hier was? Kleine Übung, um sich Eigenschaftswörter ins Gedächtnis zu rufen.

1. Auch wenn es ...

1. oso.kute.mo
2. taka.kute.mo
3. haya.kute.mo
4. sema.kute.mo
5. atsu.kute.mo
6. chika.kute.mo

a ☐ ... nahe ist
b ☐ ... heiß ist
c ☐ ... langsam ist
d ☐ ... teuer ist
e ☐ ... eng ist
f ☐ ... schnell ist

Auf der Post: Sie möchten ein paar Sachen in verschiedene Länder und Städte schicken. Reden Sie sich frei im Gespräch mit dem netten Postbeamten.

2. Hier geht die Post ab

2/31

***Kono tegami**.o **Doitsu**.e okuri.tai.desu.*

1. kono tegami – Doitsu
2. kono tegami – Furansu
3. kono hagaki – Amerika
4. kono nimotsu – Hiroshima
5. kono nimotsu – Nagasaki

Falls Sie denken „Ich zähl' schon die Tage, bis ich nach Japan fahre", hier eine echte Zählübung. Für Schummler: eine Seite zurückblättern hilft.

3. Jeder Tag zählt ...

ichi.nichi

1. ein Tag
2. zwei Tage
3. drei Tage
4. vier Tage
5. fünf Tage
6. sechs Tage
7. sieben Tage
8. acht Tage
9. neun Tage
10. zehn Tage

Zählen Sie:
kitte: Briefmarke
hagaki: Postkarte

4. Ganz viel Post

kitte ichi.mai

1. eine Briefmarke
2. zwei Briefmarken
3. drei Briefmarken
4. sieben Postkarten
5. acht Postkarten
6. neun Postkarten
7. zehn Briefmarken

Bis Deutschland dauert's sieben Tage. Bei 4. und 5. kommt allerdings die *funa.bin* (Schiffspost) nicht in Frage.

5. Post transozeanisch

***Doitsu**.made **nano.ka** kakari.masu.*

1. Doitsu – sieben Tage
2. Amerika – acht Tage
3. Furansu – sechs Tage
4. Tōkyō – ein Tag
5. Kyōto – zwei Tage

Funa.bin.ga ichi.ban yasu.i.desu

18 B

2/32

ōki.i	groß
nar.u/nari.masu	werden
omo.i	schwer
dore.ka	irgendwas
yūbin	Post
kōkū.bin	Luftpost
funa.bin	Schiffspost
ichi.ban	Nummer eins
yasu.i	billig
saru.bin	SAL (preiswerte Luftpost)
issho	zusammen
yūbin.kyoku	Postamt

● Nimotsu.ga ōki.ku nari.mashita.	Mein Gepäck ist groß geworden.
■ Sō.desu.ne.	So ist es, ne.
● Omo.i.node, chotto shinpai.desu.	Weil es schwer ist, sorg' ich mich etwas.
■ Jā, dore.ka yūbin.de okut.ta hō.ga i.i.deshō.	Also, du solltest besser etwas per Post schicken.
● Hai, sō shi.mashō.	Ja, lass es uns so machen.
■ Kōkū.bin.da.to, taka.i.desu.	Wenn es Luftpost ist, ist es teuer.
● Funa.bin.no hō.ga yasu.i.desu.ne?	Schiffspost ist billiger, nicht?
■ Funa.bin.ga ichi.ban yasu.i.desu.	Schiffspost ist am billigsten.
● Saru.bin.wa dō.desu.ka?	Wie ist es mit SAL?
■ Saru.bin.ga kōkū.bin.yori sukoshi yasu.i.desu.	SAL ist etwas billiger als Luftpost.
● Saru.bin.wa ichi.ban haya.i.desu.ka?	Ist SAL am schnellsten?
■ Īe, kōkū.bin.no hō.ga haya.i.desu.	Nein, Luftpost ist schneller.
● Jā issho.ni yūbin.kyoku.ni it.te kudasi.	Also, gehen wir zusammen zum Postamt, bitte.
■ Hai, mochiron!	Ja, natürlich!

***-node* = weil**
*omo.i.**node**:*
weil es schwer ist
*taka.**i.node**:*
weil es teuer ist

Guter Rat
einfache Vergangenheit
-ta* + *hō.ga i.i
*Dore.ka yūbin.de okut.**ta***
***hō.ga i.i**:* du **solltest besser** etwas mit der Post schicken.
*Nihon.go.o benkyō shi.**ta***
***hō.ga i.i**:* du **solltest besser** Japanisch lernen.

Einfache Steigerung
-no hō.ga + Eigenschafts-wort
*A.**no.hō.ga i.i**:* A ist **besser**.
*Funa.bin.**no hō.ga yasu.i**:* Schiffspost ist **billiger**.
*Kōkū.bin.**no hō.ga taka.i**:* Luftpost ist **teurer**.

***-wa … -yori* = besser als**
*A.**wa** B.**yori** i.i:* A ist besser **als** B.
*Saru.bin.**wa** kōkū.bin.**yori** yasu.i:* SAL ist billiger **als** Luftpost.
*Kōkū.bin.**wa** saru.bin.**yori** haya.i:* Luftpost ist schneller **als** SAL.

Nummer eins
***ichi.ban i.i**:*
ist **am besten**
*Saru.bin.ga **ichi.ban i.i**:*
SAL ist **am besten**.

18 B

Übungen

Eine Übersetzungsübung, damit Sie sagen können, was *ichi.ban* (Nummer eins = am besten) ist.

1. Nummer eins

Hagaki.ga ***ichi.ban*** *yasu.i.desu.*

1. Postkarten sind am billigsten.
2. Luftpost ist am schnellsten.
3. Japanische Briefmarken sind am besten.
4. Deutsche Pakete sind am teuersten.
5. Schiffspost ist am langsamsten.

Bilden Sie die einfache Steigerung.

2. Schwerer, schneller, heißer, enger

2/33

*Kono nimotsu.****no hō.ga*** *omo.i.*

1. kono nimotsu – omo.i
2. kono densha – haya.i
3. kono o.furo – atsu.i
4. kono heya – sema.i

Sie wissen, was Sie wollen, natürlich immer das Bessere. Beim Vergleichen Anhängsel nicht vergessen!

3. Was ist besser?

2/34

*Saru.bin.****wa*** *kōkū.bin.****yori*** *yasu.i.****desu****.*

1. saru.bin – kōkū.bin – yasu.i
2. saru.bin – funa.bin – taka.i
3. saru.bin – kōkū.bin – oso.i
4. saru.bin – funa.bin – haya.i

***yū-bin:* Post**
1. *yū* = Post
2. *bin* = (auch:) Post, alleine auch *ben* = bequem

yūbin also eigentlich „Post-Post", doppelt-gemoppelt hält besser, geht aber nicht unbedingt schneller.

4. Kanji

Schöne Zeichen

18

Nur eine Handvoll *kanji* stellen wir in diesem Buch vor. Unwesentlich mehr, nämlich 1.945 Zeichen müssen Japaner beherrschen, um die Oberschule erfolgreich abzuschließen. Damit nicht genug: Diese Zeichen haben 3.500 Lesarten – mühsam erlernt sich das Schreiben. Bis zum 5. Jahrhundert kannten die Japaner gar keine Schrift. Erst nach und nach importierten buddhistische Mönche die chinesischen *kanji* (Zeichen).
Kanji lernen ist reine Fleißarbeit, es geht vor allem um Namen, Haupt-und Eigenschaftswörter. Sie können einzeln, d.h. in ihrer altjapanischen Lesart vorkommen, oder in kombinierter Form, wobei ihre Lesart dann an das Chinesische angelehnt ist. Beispiel: *yama* ist altjapanisch und heißt „Berg". Spricht man von einem bestimmten Berg, z. B. dem *Fuji*, wird *-san* angehängt, mit dem gleichen Zeichen geschrieben, aber eben anders gelesen.
Dabei werden *kanji* eigentlich gar nicht gebraucht. Die für das Japanische nötigen Silben wurden bereits im 8. Jahrhundert in 46 vereinfachte Zeichen umgesetzt, die *hiragana*. Sie werden aber nur für Endungen, Anhängsel oder kleine Wörter wie z. B. *mō* (schon) benutzt. Theoretisch könnte jeder Text allein mit *hiragana* geschrieben werden. Aber wegen der vielen gleich klingenden Begriffe käme es leicht zu Verwechslungen. Um im Gespräch Missverständnisse aufzuklären, werden daher *kanji* auf die Hand oder in die Luft gemalt. Selbst Fernseh-Nachrichten werden mit *kanji* untertitelt.

Schreibrichtung
entweder: senkrecht von rechts nach links
oder: waagrecht von links nach rechts.
In der Zeitung sind die Überschriften oft waagrecht, der Text senkrecht abgedruckt.
Seite eins = die für uns letzte Seite, also hinten.

Ausländische Namen und Fremdwörter wie *hanbāgā* oder *depāto* werden mit ***katakana*** geschrieben.
Die 46 Zeichen ähneln den ***hiragana***, sehen nur etwas eckiger aus.

Fachbegriffe
verstehen selbst Japaner nicht immer. Als Hilfe steht dann über den Zeichen die Lesung in ***hiragana***, damit man den Begriff wenigstens aussprechen und nachschlagen kann.

19

Mitbringsel mitbringen

o.cha = grüner Tee
gehört einfach zum japanischen Alltag. Betritt ein Gast ein Privathaus, ein *ryokan* oder eine *sushi*-Bar, bekommt er zuerst einen *o.cha* angeboten. Tee, so viel man möchte, gibt's in fast jedem Restaurant. Grüner Tee soll auch der Schlüssel zu einer hohen Lebenserwartung sein. Zucker gehört nicht hinein.

Sonstige Tees:
kōcha = schwarzer Tee
ūroncha = Oolong-Tee
mugicha = Gerstentee

Aufbruchstimmung. Übermorgen heißt es für Hanna schon Abschied nehmen – ihr bleibt also nicht mehr viel Zeit. *Dakara ashita o.miyage.o kai.tai.desu* (deshalb möchte ich morgen Mitbringsel kaufen), eröffnet sie Miyuki ihre Pläne für den letzten Tag. Ihre Freunde zu Hause erwarten zwar keine besonderen Geschenke, aber ganz mit leeren Händen möchte Hanna nicht zurückkommen. Etwas typisch Japanisches soll es sein: *O.cha.ka washi.ka o.senbei.o kai.tai.* (Grünen Tee oder Japanpapier oder Reiscracker möchte ich kaufen.) Miyuki findet das gut: *I.i aidea.desu.ne.* (Das ist eine gute Idee, ne?!) Zusammen machen sie sich auf den Weg.
Die erste Station: ein Laden mit Hunderten von Sorten *o.senbei* (Reiscracker) – süß oder salzig, mit Sesam, Sojasoße oder Zucker. Was sich da wohl alles in den schönen, kunstvoll verpackten Schachteln verbirgt? Hanna hat eine besonders nett dekorierte herausgegriffen. Hoffentlich sind die Reiscracker nicht süß. Das mag Hanna nicht so gern. Die mit Sojasoße schmecken ihr am besten. Der Verkäufer bestätigt: *Shōyu-aji.desu.* (Das ist Sojasoßengeschmack.) Wie gut!
Die beiden kommen ins Gespräch. Ob sie Touristin sei? Und von Hannas Japanischkenntnissen zeigt sich der junge Mann auch sehr beeindruckt: *Nihon.go.ga totemo jōzu.desu.ne.* (Ihr Japanisch ist total gut, ne?) Das freut Hanna, also haben die drei vergangenen Wochen auch sprachlich was gebracht …

I.i aidea.desu.ne.

2/35

asatte	übermorgen
kae.ru/kaeri.masu	zurückkehren
zannen	schade
motto	mehr
naga.i	lang
shigoto	Arbeit
o.miyage	Mitbringsel
karu.i	leicht
tatoeba	zum Beispiel
o.cha	grüner Tee
washi	Japanpapier
o.senbei	Reiscracker

● Asatte mō Doitsu.e kaer.ana.kereba nari.masen.	Übermorgen muss ich schon nach Deutschland zurückkehren.
■ Zannen.desu.ne.	Das ist schade, ne?!
● Motto naga.ku koko.ni i.tai.desu.	Ich möchte gerne länger hier bleiben.
■ Demo Doitsu.de shigoto.o shi.na.kereba nari.masen.ne.	Aber in Deutschland musst du arbeiten, nicht wahr?
● Sō.desu. Dakara ashita o.miyage.o kai.tai.desu.	So ist es. Deshalb möchte ich morgen Mitbringsel kaufen.
■ Nani.o kai.tai.desu.ka?	Was möchtest du kaufen?
● Nimotsu.wa mō omo.i.node, karu.i mono.ga i.i.desu.	Weil mein Gepäck schon schwer ist, sind leichte Sachen gut.
■ Tatoeba?	Zum Beispiel?
● O.cha.ka washi.ka o.senbei.o kai.tai.desu.	Grünen Tee oder Japanpapier oder Reiscracker möchte ich kaufen.
■ I.i aidea.desu.ne.	Das ist eine gute Idee, ne?!
● Jā, issho.ni iki.mashō.	Also, lass uns zusammen gehen!

Steigerung

Eigenschaftswörter werden mit ***motto*** (= mehr) gesteigert:

motto *naga.i:* mehr lange = **länger**

motto *naga.ku i.tai.desu:* ich möchte **länger** bleiben

genauso:

motto *taka.i:* teu**rer**

motto *sema.i:* en**ger**

Aufzählung

1. abgeschlossen:
   -ka = **oder**: *o.cha.**ka** washi.**ka** o.senbei.o kai.tai:* ich möchte grünen Tee **oder** Japanpapier **oder** Reiscracker kaufen.
2. abgeschlossen:
   -to = **und**: *washi.**to** o.senbei:* Japanpapier **und** Reiscracker
3. nicht abgeschlossen:
   -ya = **usw.**: *o.cha.**ya** washi.**ya** o.senbei:* grüner Tee, Japanpapier, Reiscracker **usw.**

Übungen

Steigern Sie die Eigenschaftswörter und setzen Sie sie in der richtigen Form vor das Tätigkeitswort.

1. Länger, leckerer, enger, teurer, billiger

2/36

*Motto **naga.ku** nari.mashita.*

1. naga.i
2. oishi.i
3. sema.i
4. taka.i
5. yasu.i

Sagen Sie, was Sie zu tun haben. Erinnern Sie sich an die Formenbildung? Wenn nicht, hilft ein Blick auf Seite 115.

2. Ich muss schon

*Mō **Doitsu.e kaer**.ana.kereba nari.masen.*

1. Doitsu.e kaer.u
2. Nihon.e ik.u
3. tegami.o kak.u
4. o.miyage.o ka.u
5. nimotsu.o okur.u

Sie haben verschiedene Pläne. Nicht vergessen: beim Tätigkeitswort die *-masu*-Form bilden.

3. Heute, morgen, übermorgen

*Ashita o.miyage.o kai.**masu**.*

1. Morgen: o.miyage.o ka.u
2. Übermorgen: Tōkyō.e kaer.u
3. Heute: o.sushi.o tabe.ru
4. Morgen: hagaki.o kak.u
5. Übermorgen: ginkō.ni ik.u

Einkaufen: das kommt in Frage. Verbinden Sie mit *-ka* (oder).

4. Oder

***O.cha**.ka **washi**.ka **o.senbei**.o kai.tai.desu.*

1. o.cha – washi – o.senbei
2. miruku – kōhī – orenji-jūsu
3. o.sake – wain – bīru
4. o.sushi – hanbāgā – sandoichi

Setzen Sie die netten, kleinen Wörter an der richtigen Stelle ein. Achtung: zwei davon sind keine An- sondern „Vorhängsel".

5. Was fehlt?

motto – mō – issho – zannen – demo

1. Asatte ______________ Doitsu.e kaer.ana.kereba nari.masen.
2. ______________.desu.ne.
3. ______________ naga.ku koko.ni i.tai.desu.
4. ______________ Doitsu.de shigoto.ga ari.masu.ne.
5. Jā, ____________ ni iki.mashō.

O.miyage.desu.ka?

19 B

2/37

ama.i	süß
shōyu	Sojasoße
aji	Geschmack
shōyu-aji	Sojasoßengeschmack
kara.i	pikant
hako	Schachtel
hito.tsu	ein Stück
chiisa.i	klein
futa.tsu	zwei Stück
kankō	Tourismus
ryōhō	beides
jōzu.na	gut (Fertigkeiten)

● Kono o.senbei.wa ama.i.desu.ka?	Sind diese Reiscracker süß?
■ Īe, shōyu-aji.desu.	Nein, das ist Sojasoßen-geschmack.
● Yo.katta. Kara.i aji.no hō.ga suki.desu.	Gut. Ich mag den pikanten Geschmack lieber.
■ Dono hako.ga i.i.desu.ka?	Welche Schachtel möchten Sie?
● Ōki.i hako.o hito.tsu.to chiisa.i hako.o futa.tsu kudasai.	Bitte eine große Schachtel und zwei kleine Schachteln.
■ O.miyage.desu.ka?	Sind das Mitbringsel?
● Hai, sō.desu.	Ja, so ist es.
■ Kankō.de ki.mashita.ka?	Sind Sie zum Tourismus gekommen?
● Kankō.to shigoto.to ryōhō.desu.	Sowohl Tourismus als auch Arbeit, beides ist es.
■ Nihon.go.ga totemo jōzu. desu.ne.	Ihr Japanisch ist total gut, ne?
● Dōmo arigatō gozai.masu.	Vielen herzlichen Dank.

dono hako.ga i.i.desu.ka?
Wörtlich: Welche Schachtel ist gut? = welche Schachtel möchten Sie?

praktisch zählen
Wenn Ihnen das entsprechende Zählanhängsel nicht einfällt, können Sie sich stückchenweise *(-tsu)* aus der Affäre ziehen:

1 Stück: *hito.tsu*
2 Stück: *futa.tsu*
3 Stück: *mit.tsu*
4 Stück: *yot.tsu*
5 Stück: *itsu.tsu*
6 Stück: *mut.tsu*
7 Stück: *nana.tsu*
8 Stück: *yat.tsu*
9 Stück: *kokono.tsu*
Ausnahme
10 Stück: *tō*

sowohl ... als auch ...
... -to ... -to ... ryōhō
*kankō.**to** shigoto.**to** **ryōhō**.desu:* **sowohl** Tourismus **als auch** Arbeit – **beides** ist es

-ga + jōzu.desu
= etwas gut können/beherrschen:
*Nihon.go.**ga jōzu.desu**:* Ihr Japanisch **ist gut**/Sie **können gut** Japanisch.

19 B

Übungen

Wie lautet die richtige Antwort auf die jeweilige Frage?

1. Frage-Antwort-Spiel

1. Kankō.de ki.mashita.ka?
2. Dono hako.ga i.i.desu.ka?
3. O.senbei.wa ama.i.desu.ka?
4. Nani.o kai.tai.desu.ka?
5. O.miyage.desu.ka?

a ☐ Hai, sō.desu.
b ☐ Īe, kara.i.desu.
c ☐ O.senbei.desu.
e ☐ Ōki.i hako.o hito.tsu kudasai.
d ☐ Kankō.to shigoto.to ryōhō.desu.

Suchen Sie all Ihr Wissen über Zählanhängsel zusammen und ordnen Sie die Mengenangaben zu.

2. Zählen lernen

jū.mai – hito.tsu – futsu.ka – go.en – san.mai – san.gatsu

1. eine hako
2. zehn kitte
3. drei hagaki
4. März
5. fünf Yen
6. zwei Tage

Sowohl A als auch B – bringen Sie es auf *Nihon.go* zum Ausdruck.

3. Beides ist es

▶ 2/38

***Kankō**.to **shigoto**.to ryōhō.desu.*

1. kankō – shigoto
2. Nihon.go – Furansu.go
3. Doitsu – Amerika
4. benkyō – arubaito
5. washi – o.cha
6. watashi – anata

***ei-gyō-chū:* geöffnet**
Hat ein Laden oder Restaurant geöffnet, hängt oft eine Tafel mit diesen *kanji* an der Tür:
1. *ei*
2. *gyō*
   ei + *gyō* = Betrieb/Geschäft
3. *chū*

zusammen gelesen = Geschäft in Betrieb = offen

Allein stehend wird 3. *naka* gelesen = Inneres, Mitte, zwischen

4. Kanji

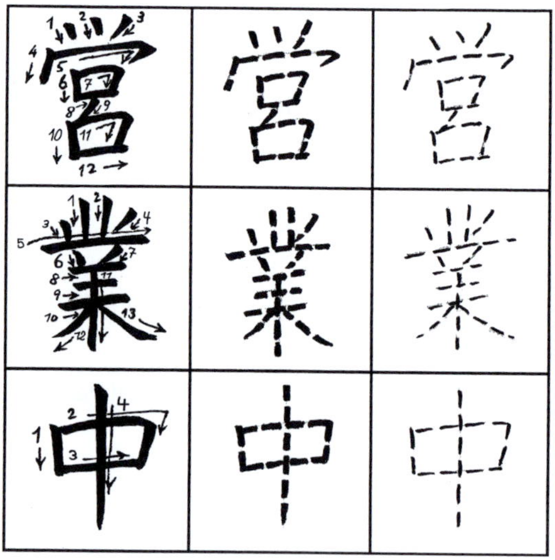

Verpackungskünstler

19

Ein Apfel, ein Pfirsich, eine Melone – umgerechnet 90 Euro soll die große Kiste mit dem kleinen Inhalt kosten. Allerdings zeigt das Obst keinen Makel und ist ausnehmend schön verpackt, mit Papier umwickelt, gepolstert, wieder verpackt, von einer schönen Schachtel umgeben, mit einer Schleife aufwendig verziert und als Geschenk für einen besonders wichtigen Geschäftspartner gedacht. Zwei Mal im Jahr, im Juli und im Dezember, haben Japans Verpackungskünstler Hochkonjunktur. Dann ist Geschenksaison. Wer auch zukünftig gute Geschäfte machen will, schickt seinen wichtigsten Partnern teures Obst, Alkoholika, ausländische Süßigkeiten, Kaffee, Delikatessen jedweder Art. Die großen *depāto* (Kaufhäuser) kümmern sich gezielt um Verpackung und Versand der großen und kleinen Aufmerksamkeiten. Die aufwendige Verpackung zählt, ganz wichtig: der Aufkleber des bekannten Kaufhauses. Marken mit großen Namen machen das Präsent gleich viel wertvoller.

Neugierige müssen leiden in *Nihon*. Geschenke werden nämlich nicht unbedingt vor den Augen des Schenkenden ausgepackt. Und auch wer auf Reisen geht, darf die Lieben daheim nicht vergessen. So verbringen Japaner auf Europatrip einen Großteil der Zeit mit dem Einkauf von *o.miyage* (Mitbringseln).

Geld im Umschlag

Wechseln in Japan größere Geldsummen wie Lohn oder Miete den Besitzer, stecken sie immer in einem Briefumschlag. Geld ist schmutzig! Goldene Regel: nachgezählt wird nicht, so viel Vertrauen muss sein: die Summe stimmt garantiert – immer!

Neujahrspost

Bevor die Digitalisierung auch in Japan Einzug hielt, wurden jedes Jahr millionenfach *nengajō* (Neujahrsgrußkarten) verschickt. Der Geschäftspartner, Hausarzt, Nachhilfelehrer, die Nachbarn, Verwandten, Freunde, alle, denen Dank gebührt, bekamen einen solchen Neujahrsgruß per Post. Heute wird die digitale Postkarte per Smartphone gesendet. Ehre, wem Ehre gebührt.

20

Auf Wiedersehen

Japan Rail Pass
Wer als Tourist vorhat, in Japan viel Bahn zu fahren, für den lohnt sich womöglich ein Japan Rail Pass für ein, zwei oder drei Wochen. Man kann damit, so oft man will, im *Shinkansen* fahren. Nur die *Nozomi-* und *Mizoho-Shinkansen* dürfen nicht benutzt werden.

Drei Wochen sind schnell vergangen. Hanna fühlt sich etwas müde und erschöpft. Ihr kommt es so vor, als laufe das Leben in *Nihon* und besonders in der Millionenmetropole Tōkyō im Zeitraffer, auf engstem Raum ab. Viele Stunden hat sie in der U-Bahn verbracht, dazu die Reisen: all das kostet Energie, auch wenn sie immer mal wieder, wie die Japaner um sie herum auch, in der Bahn ein Nickerchen gehalten hat.
Nun heißt es *sayōnara* (auf Wiedersehen). Hanna trifft sich ein letztes Mal mit Ōta. Eigentlich wollen die beiden sich noch nicht trennen, aber es hilft alles nichts: *Mō Doitsu.ni kaer.ana.kereba nari.masen.* (Ich muss schon nach Deutschland zurückkehren). Es bleiben schöne Erinnerungen an die Zeit im Süden, auf Kyūshū: *Nagasaki.no ryokō.wa totemo tanoshi.katta.desu.* (Die Reise nach Nagasaki hat mir total Spaß gemacht.) Und den Kontakt zu halten, dürfte im Zeitalter der *īmēru* (E-Mail) auch kein Problem darstellen. Ausführlich bedankt sich Hanna bei Takuya und Miyuki, die wieder wunderbare Gastgeber waren. *Nihon.ni k.uru yotei.wa ari.masu.ka?* (Gibt es einen Plan, nach Japan zu kommen?), möchten die beiden wissen. Ja, sicher, *itsu.ka* (irgendwann). Sie lädt die beiden zum Gegenbesuch nach *Doitsu* ein. Bis dahin werden aber sicher noch eine ganze Menge Fotos und Erinnerungen hin- und hergeschickt …

Subarashi.i omoide.desu.ne

20 A

2/39

ureshi.i	sich freuen
boku	ich (sagt der Mann)
tanoshi.i	Spaß machen
subarashi.i	wunderbar
omoide	Erinnerung
wasure.ru/wasure.masu	vergessen
īmēru	E-Mail
adoresu	(E-Mail-)Adresse
age.ru/age.masu	geben
mora.u/morai.masu	bekommen
genki.de	alles Gute!

● Mō Doitsu.ni kaer.ana.kereba nari.masen.	Ich muss schon nach Deutschland zurückkehren.
■ Sō.desu.ne. Sugo.ku zannen. desu.	So ist das, ne. Das ist total schade.
● Anata.to shiri-a.e.te, ureshi. katta.desu.	Ich konnte dich kennen lernen, und das hat mich gefreut.
■ Boku.mo sō.desu.	So geht's mir auch.
● Kondo.wa Doitsu.ni ki.masen.ka?	Kommst du nicht das nächste Mal nach Deutschland?
■ Deki.reba, sō shi.tai.desu.	Wenn ich kann, möchte ich es so tun.
● Nagasaki.no ryokō.wa totemo tanoshi.katta.desu.	Die Reise nach Nagasaki hat mir viel Spaß gemacht.
■ Subarashi.i omoide.desu.ne.	Das sind wunderbare Erinnerungen, nicht wahr?
● Watashi.no koto.o wasure.nai. de kudasai.	Vergiss mich bitte nicht.
■ Mochiron wasure.masen!	Natürlich vergesse ich nicht!
● Doitsu.ni kaet.tara, sugu.ni īmēru.o kaki.masu.	Wenn ich in Deutschland zurück bin, schreibe ich sofort eine E-Mail.
■ Adoresu.o mō age.mashita.ne.	Die Adresse habe ich dir schon gegeben, nicht wahr?
● Hai, morai.mashita.	Ja, ich habe sie bekommen.
■ Jā, genki.de.ne.	Also, alles Gute, ne!

-*te*-Form = und
verbindet zwei Hauptsätze:
*Anata.to shiri-at.**te**, ureshi.katta.desu:* Ich habe dich kennen gelernt, **und** das hat mich gefreut.

Zweimal wenn

1. ***-tara*** bezeichnet einen ganz speziellen Fall:
   *Kaet.**tara**, sugu.ni īmēru.o kaki.masu:* **Wenn** ich zurückgekehrt bin, schreibe ich sofort eine E-Mail.
2. ***-reba/-eba/-ureba*** bezeichnet eine allgemein gültige Regel:

a) ***-ru*-Gruppe**
   -ru* → *-reba
   deki.ru → *deki.reba*
   tabe.ru → *tabe.reba*
   *Deki.**reba**, sō shi.tai.desu:* **Wenn/falls** ich kann, möchte ich es so tun.

b) ***-u*-Gruppe**
   -u* → *-eba
   ka.u → *ka.eba*
   nom.u → *nom.eba*

c) ***-uru*-Gruppe**
   -uru* → *-ureba
   k.uru → *k.ureba*
   s.uru → *s.ureba*

***watashi.no koto:* = ich**
wörtlich: meine Angelegenheit = alles, was mit mir zu tun hat

***genki.de* = alles Gute!**
wörtlich: mit Gesundheit

Übungen

Zur Belohung für's Durchhalten: eine leichte Übung, nur nachsprechen.

1. Fröhliches Nachbeten

2/40

1. Dekir.eba, sō shi.tai.desu.
2. Sugo.ku zannen.desu.
3. Subarashi.i omoide.desu.ne.
4. Mochiron wasure.masen.
5. Jā, genki.de.ne.

Ein „wenn/falls"-Satz soll entstehen. Wie? Das haben wir auf der vorigen Seite erklärt.

2. Wenn ich kann, mache ich es so

***Deki.reba**, sō shi.masu.*

1. deki.ru
2. Doitsu.ni kaer.u
3. byōin.ni ik.u
4. Nihon.ni k.uru
5. pasupōto.o mise.ru.

1. -*tara*-Form
2. -*masu*-Form

3. Wenn ich ...

*Doitsu.ni **kaet.tara**, sugu.ni īmēru.o **kaki.masu**.*

1. Doitsu.ni kaer.u – sugu.ni īmēru.o kak.u
2. Kyōto.ni ik.u – kankō.o sur.u
3. daigaku.ni hair.u – benkyō.o sur.u
4. Nihon.ni ik.u – onsen.ni hair.u
5. izakaya.ni ik.u – o.sake.o nom.u

Hier soll das Tätigkeitswort in die -*te*-Form verwandelt werden, um so Freude zum Ausdruck zu bringen.

4. Das hat mich gefreut

***Anata.to shiri-a.e.te**, ureshi.katta.desu.*

1. anata.to shiri-a.e.ru
2. ryokō.o s.uru
3. Nihon.go.ga wakar.u
4. heya.ga mitsukar.u
5. hana.o mora.u

Ob Erdbeben oder Börsencrash – hier ist was in Unordnung geraten. Räumen Sie auf.

5. Was gehört denn hier zusammen?

1. īmēru.no	a ☐ shinbun
2. watashi.no	b ☐ jūsho
3. shinkansen.no	c ☐ hon
4. kyō.no	d ☐ kippu
5. Doitsu.go.no	e ☐ adoresu

Sayōnara

2/41

mijika.i	kurz
sabishi.i	einsam
mata	wieder
yotei	Plan
mada	noch
kanarazu	sicher
tanoshimi.ni s.uru/shi.masu	sich auf etwas freuen
o.sewa.ni nar.u/nari.masu	sich um jemanden kümmern
ki.o tsuke.te kudasai!	Pass auf dich auf!
anata.tachi	ihr
sayōnara	auf Wiedersehen

● San.shūkan.wa mijika.katta.desu.	Die drei Wochen waren kurz.
■ Ē. Hanna.san.ga kaet.tara, sabishi.ku nari.masu.	Ja. Wenn du, Hanna, zurückgekehrt bist, wird es einsam werden.
● Demo mata a.e.ru.to omoi.masu.	Aber wir können uns wieder treffen, denke ich.
■ Nihon.ni k.uru yotei.wa ari.masu.ka?	Gibt es einen Plan, nach Japan zu kommen?
● Ima.wa mada wakari.masen.ga, itsu.ka kanarazu ki.masu.	Jetzt weiß ich es noch nicht, aber irgendwann komme ich sicher.
■ Kondo a.e.ru.no.o tanoshimi.ni shite i.masu.	Wir freuen uns darauf, dich das nächste Mal treffen zu können.
● Watashi.mo. Taihen o.sewa.ni nari.mashita.	Ich auch. Ihr habt euch wahnsinnig um mich gekümmert.
■ Karada.ni ki.o tsuke.te kudasai!	Pass auf dich (deinen Körper) auf!
● Anata.tachi.mo o.genki.de!	Auch euch alles Gute!
■ Sayōnara!	Auf Wiedersehen!

Zuordnung
Wird ein Tätigkeitswort einem Hauptwort zugeordnet, steht es davor und in der Wörterbuchform *-ru:*
Nihon.ni ***k.uru*** *yotei:* Plan, nach Japan zu **kommen**
Kyōto.ni ***ik.u*** *densha:* Zug, der nach Kyōto **fährt**

tanoshimi.ni s.uru = sich auf etwas freuen
Das, worauf man sich freut, steht in der Wörterbuchform *-(r)u* + ***-no.o****:*
*a.e.ru.****no.o*** *tanoshimi.ni s.uru:* freuen, sich treffen zu können
*Nihon.ni ik.u.****no.o*** *tanoshimi.ni s.uru:* sich freuen, nach Japan zu fahren

Mehrzahl
Personen bekommen ein ***-tachi*** angehängt:
anata: du
*anata.****tachi****:* ihr
watashi: ich
*watashi.****tachi****:* wir

sayōnara
= auf Wiedersehen, nur beim Abschied. Ansonsten *mata.ne* (wörtlich: wieder, ne? = tschüs)

Übungen

Das Tätigkeitswort muss in die *-tara*-Form verwandelt werden, das Eigenschaftswort in ein Umstandswort (siehe auch S. 95).

1. So wird es, wenn ...

*Hanna.san.ga Doitsu.e kaet.**tara**, sabishi.**ku nari.masu**.*

1. Hanna.san.ga Doitsu.e kaer.u – sabishi.i
2. anata.ga Amerika.ni ik.u – sabishi.i
3. anata.tachi.ni mata a.u – ureshi.i
4. izakaya.de o.sake.o nom.u – tanoshi.i

Raten gilt nicht, Sie sollten's schon wissen oder nachschlagen, was hier zusammengehört, nach dem Motto: Gegensätze ziehen sich an.

2. Süße und pikante Reiscracker

1. ama.i	a ☐ chiisa.i hako
2. ōki.i	b ☐ mijika.i jikan
3. omo.i	c ☐ karu.i nimotsu
4. naga.i	d ☐ oso.i basu
5. taka.i	e ☐ kara.i o.senbei
6. haya.i	f ☐ yasu.i kitte

Sprechen Sie die guten Wünsche, Grüße, Dankesformeln zum Abschied etc. nach. Schließlich möchte man sich wiedersehen ...

3. Zum Abschied

▶ 2/42

1. Anata.to shiri-a.e.te, ureshi.katta.desu.
2. Taihen o.sewa.ni nari.mashita.
3. Karada.ni ki.o tsuke.te kudasai.
4. O.genki.de!
5. Sayōnara!

***kū-kō:* Flughafen**

1. *kū* oder *sora* (Himmel) kennen Sie schon (s. S. 90)
2. *kō*, allein gelesen *minato* = Hafen

Also: Himmel + Hafen = Flughafen.

4. Kanji

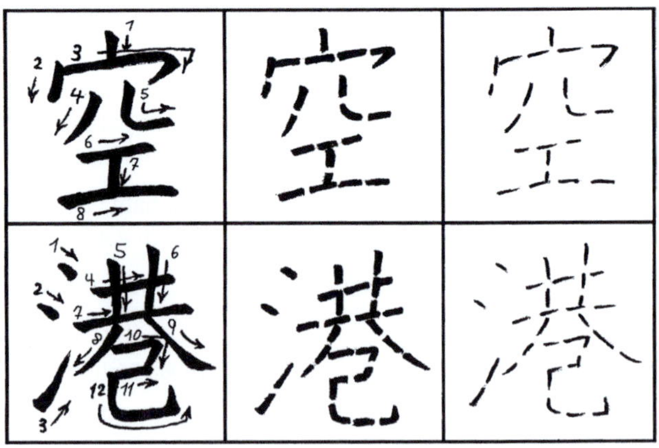

Hektisch und gemächlich

20

Über zwei Drittel des japanischen Inselreiches bestehen aus Bergland und Wald. Deshalb sind die Ebenen auf der dem Pazifik zugewandten Ostseite so dicht besiedelt. Das Leben spielt sich hier auf engstem Raum ab, in den Metropolen wohnt man dicht an dicht. Dazu die Erdbebengefahr, die nicht erlaubt, in die Höhe zu bauen. Platzmangel – eines der größten Probleme von *Nihon*. Die wenigsten besitzen dort ein Auto. Auch Parkplätze sind Mangelware, Parkgebühren entsprechend teuer. In den Parkhäusern werden die Gefährte nach einem ausgeklügelten System in die Höhe gestapelt.
Kein Auto? Kein Problem! *Tōkyō, Ōsaka, Yokohama, Sapporō*, alle diese Millionenstädte verfügen über ein gut ausgebautes Bahn-Netz. Und so verbringen Japaner einen ordentlichen Teil ihres Lebens im Zug. Die Fahrt lassen sie allerdings nicht ungenutzt verstreichen: Japaner sind Weltmeister, wenn es darum geht, ein Nickerchen zu machen. Kein Sitzplatz mehr frei? Augen schließen, im Stehen dösen – oder lesen.
Gemächlich geht es dafür auf der westlichen, ländlichen Seite Japans zu. Ausländer kommen hier selten hin. Die Älteren leben von der Landwirtschaft, und die Jungen verlassen spätestens zum Studium diese Regionen am *Nihonkai* (Japanischen Meer). Wer das ursprüngliche Japan kennen lernen möchte, wer Ruhe und Natur sucht, sollte bei seinem Japanbesuch hier vorbeischauen.

Japan in Zahlen

Einwohner: 125,5 Millionen
Tōkyō: rund 12 Millionen
Landesfläche: 378.000 km^2
(Deutschland: 357.000 km^2)
besiedeltes Land: ca. 3 %
der gesamten Landesfläche
Inseln: fast 7.000
Hauptinseln (von Nord
nach Süd)**:**
Hokkaidō
Honshū
Shikoku
Kyūshū
Ausdehnung Nordost-
Südwest**:** 3.000 km

T Test 5

Nun haben Sie es geschafft. Eine letzte Testrunde, und dann können Sie ja zur Vertiefung noch mal von vorn anfangen. Großes Lob für's Durchhalten!

1. Welche Antwort stimmt?

1. *Hanko* nennt man in Japan ...
   a ☐ ein Polizeihäuschen.
   b ☐ ein Bankkonto.
   c ☐ einen registrierten Namensstempel.
2. *San.man.en sind ...*
   a ☐ 30.000 Yen.
   b ☐ 30.000 Euro.
   c ☐ 3.000 Yen.
3. *Fujiyama* ist ...
   a ☐ der Name einer U-Bahn-Station in Tōkyō.
   b ☐ eine Filmmarke, die nur in Japan verkauft wird.
   c ☐ die falsche Lesung für den Berg Fuji; richtig ist *Fuji.san*.
4. *Kanji ...*
   a ☐ wurden im 11. Jh. von den Chinesen aus Japan übernommen.
   b ☐ wurden seit dem 5. Jh. aus China nach Japan importiert.
   c ☐ werden ab 2050 gestrichen und durch *hiragana* ersetzt.
5. Zu Neujahr verschickt man in Japan ...
   a ☐ Grußkarten.
   b ☐ rote Rosen.
   c ☐ Weihnachtsmänner.
6. Geschenke werden ...
   a ☐ auf der Stelle ausgepackt, das ist höflich.
   b ☐ nicht sofort ausgepackt, das ist üblich.
   c ☐ gleich an den Chef weitergereicht, das ist nützlich.

Ein letztes Mal sollen Sie hier Frage und Antwort stehen, d. h. für Ordnung sorgen und richtige Paare bilden.

2. Fragen und Antworten

1. Dare.ka.ga mitsuke.mashita.ka?	a ☐ Hagaki.wa nana jū.en.desu.
2. Jūsho.mo kaka.na.kereba nari.masen.ka?	b ☐ Īe, shōyu-aji.desu.
3. Saru.bin.wa dō.desu.ka?	c ☐ Kankō.to shigoto.to ryōhō.desu.
4. Kono o.senbei.wa ama.i. desu.ka?	d ☐ Hai, koko.ni go.jūsho.o kai.te kudasai.
5. Ikura.desu.ka?	e ☐ Saru.bin.wa kōkū.bin.yori yasu.i.desu.
6. Kankō.de ki.mashita.ka?	f ☐ Hai. Rakkī.deshita.

3. Was fehlt?

Hier sind die Tätigkeitswörter am Satzende verschwunden. Finden Sie heraus, wo sie geblieben sind – a, b, oder c?

1. Ima o.kane.ga ___________.
   a ☐ ari.masen
   b ☐ kai.mashita
   c ☐ wakari.masen

2. Pasupōto.o mise.te ___________.
   a ☐ kaki.tai
   b ☐ o.negai
   c ☐ kudasai

3. Hagaki.mo ___________.
   a ☐ ai.tai.desu
   b ☐ okuri.tai.desu
   c ☐ nakushi.tai.desu

4. Funa.bin.no hō.ga ___________.
   a ☐ yasu.i.desu
   b ☐ kantan.desu
   c ☐ kirei.desu

5. Doitsu.e kaer.ana.kereba ___________.
   a ☐ nai.desu
   b ☐ nari.masu
   c ☐ nari.masen

6. Nihon.go.ga totemo ___________.
   a ☐ kaeri.mashita
   b ☐ jōzu.desu
   c ☐ tate.rare.mashita

4. Wie sagt man das auf Japanisch?

1. Ich hatte Glück.
2. Das ist schnell, nicht wahr.
3. Schiffspost ist billiger.
4. Das ist schade, nicht?!
5. Also, lass uns zusammen gehen!
6. Auf Wiedersehen!

Zeit, *sayōnara* zu sagen. Wir hoffen, dass Ihnen dieses Buch *Nihon* ein wenig näher gebracht hat. Wenn Sie fleißig mitgelernt haben, werden Sie in Japan schnell merken, wie sehr sich die *Nihon.jin* freuen, wenn ein *gaijin* ein paar Worte ihrer Sprache spricht. Also, *ki.o tsukete!* (Passen Sie auf sich auf) und *o.genki.de* (alles Gute)!

L Lösungsschlüssel

1 A Übungen

1. Was mich angeht ... **1.** Was mich angeht, ich bin Hanna Blume. **2.** Was mich angeht, ich bin Miyuki. **3.** Was mich angeht, ich bin Okazaki Tetsu. **4.** Was mich angeht, ich bin Ōe Kenzaburō. (Literaturnobelpreisträger 1995) **5.** Was mich angeht, ich bin Funaki Kazuyoshi. (japanischer Skispringer, erfolgreich in den 1990er Jahren)
2. Die richtige Reihenfolge bitte! 4 – 1 – 3 – 2
3. Auf Japanisch bitte! **1.** Watashi.wa Hanna Burume.desu. **2.** Watashi.wa Herumuto Kōru.desu. **3.** Watashi.wa Sūpāman.desu. **4.** Watashi.wa Seirāmūn.desu. (Seirāmūn: japanische Trickfilmfigur und Exportschlager) **5.** Watashi.wa Rīze Maiyā.desu. **6.** Watashi.wa Borisu Bekkā.desu. (Spielen Sie Tennis? Schon gemerkt? Deutsche Namen behalten ihre Reihenfolge.)
4. Was gehört wohin? **1.** -ka **2.** -wa **3.** -desu **4.** -desu **5.** o- **6.** -jin (Japaner gehen bei einem westlichen Ausländer erst mal davon aus, dass er Amerikaner ist.)
5. Auf Deutsch bitte! **1.** Guten Tag! **2.** Ganz meinerseits. **3.** Nett, Sie kennen zu lernen. **4.** Wie ist Ihr ehrenwerter Name? **5.** Ich bin Akebono. (Ex-Sumokämpfer hawaiianischer Herkunft, der als erster Nichtjapaner den Rang eines Yokozuna erreichte.)

1 B Übungen

1. Japaner und andere Landsleute **1.** Nihon.jin **2.** Amerika.jin **3.** Doitsu.jin **4.** Furansu.jin **5.** Itaria.jin **6.** Supein.jin
2. Sorgen Sie für Ordnung! 2 – 1 – 3 – 4
3. Bleiben Sie ... **1.** Watashi.wa Nihon.ni imasu. **2.** Watashi.wa Amerika.ni imasu. **3.** Watashi.wa Tōkyō.ni imasu. **4.** Watashi.wa Berurin.ni imasu.
4. Nett, Sie kennen zu lernen **1.** Nett, Sie kennen zu lernen. **2.** Guten Tag! **3.** Wir haben uns wirklich lange nicht gesehen, gell. **4.** Ganz meinerseits.

2 A Übungen

1. Bitte nachsprechen! **1.** Das ist ein schönes Zimmer, ne?! **2.** Das ist ein bequemes Zimmer, ne?! **3.** Das ist ein enges Apartment, ne?! **4.** Das ist ein schönes Zimmer, nicht wahr? **5.** Das ist ein bequemes Apartment, nicht wahr?
2. Was gehört zusammen? **1.** b **2.** e **3.** a **4.** c **5.** f **6.** d
3. Schön, aber eng **1.** Hai, kirei.desu. **2.** Hai, sema.i.desu. **3.** Hai, sema.i.desu. **4.** Hai, kirei.desu.
4. Was passt hier hin? **1.** Benri.na heya.desu.ka? (Ist das ein praktisches Zimmer? Antwort: Ja, das ist ein praktisches Zimmer.) **2.** O.jama shi.masu. (Ich störe; erster Teil: Willkommen. Komm herein, bitte!) **3.** Dōmo arigatō. (Danke schön; erster Teil: Komm ins Zimmer, bitte.) **4.** Hai, benri.desu. (Ja, es ist praktisch; Frage: Ist es praktisch?)
5. Anhängsel anhängen **1.** -ne **2.** -ka **3.** -wa **4.** -na **5.** -e **6.** -san

2 B Übungen

1. Bilden Sie Paare! **1.** a (Am Anfang des Essens: „ich fange an“ [itadakimasu], am Ende des Essens: „es war sehr schmackhaft“ [gochisōsama.deshita].) **2.** c (Wenn wir willkommen geheißen werden [yōkoso], treten wir mit einem „ich störe“ [o.jama shi.masu] ein.) **3.** b (Auf ein „Danke schön“ [dōmo arigatō) folgt meist ein „gern geschehen“ [dō itashimashite]; besonders höfliche Zeitgenossen benutzen die lange Floskel: dōmo arigatō gozai.masu.) **4.** d (Auf „Nett, Sie kennen zu lernen“ [hajimemashite, dōzo yoroshiku] erwidern wir „Ganz meinerseits“ [kochira koso].)
2. Ich mag gerne ... **1.** Watashi.wa Hanna.san.ga dai.suki.desu. (Ich mag Hanna sehr.)

2. Watashi.wa kirei.na heya.ga dai.suki.desu. (Ich mag ein schönes Zimmer sehr.) **3.** Watashi.wa oishi.i yūshoku.ga dai.suki.desu. (Ich mag ein leckeres Abendessen sehr.) **4.** Watashi.wa Furansu. ga dai.suki.desu. (Ich mag Frankreich sehr.) **5.** Watashi.wa Nihon.ga dai.suki.desu. (Ich mag Japan sehr.) **6.** Watashi.wa Tōkyō.ga dai.suki.desu. (Ich mag Tōkyō sehr.)
3. Welche Erwiderung passt? **1.** a (Sie sind total lecker; b: Sie sind total eng.) **2.** b (Bitte schön!; a: danke schön.) **3.** b (Ja, ich mag sie sehr; a: Ja, das ist Hanna.) **4.** a. (Erinnern Sie sich daran? Lange nicht mehr gelesen, diese Redewendung ... a: Ja, wir haben uns wirklich lange nicht gesehen; b: Ja, das ist schön, ne?!)

3 A Übungen

1. Eins bis zehn **1.** ichi, ni, san **2.** yon, go, roku (Vier kann auch „shi" gelesen werden, wird aber vermieden, weil shi auch „der Tod" bedeutet; deshalb auch NIE Dinge in vierfacher Ausführung verschenken!) **3.** nana, hachi, kyū. (Sieben auch „shichi" gelesen) **4.** jū, jū, jū **5.** ichi, ichi, ichi, ni, ichi, san **6.** ichi, yon, ichi, go, ichi, roku **7.** ichi, nana, ichi, hachi, ichi, kyū **8.** ichi, ni, san, yon, go, roku
2. Die richtige Endung **1.** Tōkyō.de benkyō shite i.masu. (Ich studiere in Tōkyō.) **2.** Doitsu.de benkyō shite i.masu. (Ich studiere in Deutschland. – Wären Sie auf die Übersetzung gekommen?) **3.** Berurin.de benkyō shite i.masu. (Ich studiere in Berlin. Fragt sich nur noch, an welcher Uni ...) **4.** Amerika.de benkyō shite i.masu. (Ich studiere in Amerika.) **5.** Hiroshima.de benkyō shite i.masu. (Ich studiere in Hiroshima – In der Stadt also, auf die am 6.8.1945 die erste Atombombe fiel; noch heute gibt es „schwarze Listen" mit den Namen der Familien, die damals dort lebten. Warum? Wer heiratet, stellt mitunter Nachforschungen an und kontrolliert die Listen; „Hiroshima"-Nachkömmlinge könnten Erbschäden haben – keine guten Heiratskandidaten.)
3. Die richtige Reihenfolge bitte! 4 – 1 – 5 – 2 – 3 – 6
4. Sie haben einige Fragen **1.** c **2.** d **3.** b **4.** a
5. Auf Deutsch bitte! **1.** Ich studiere in Frankreich. **2.** Ich bin neun Jahre alt. **3.** Ich habe eine Frage/-n. (Wir erinnern uns: es gibt keine Mehrzahl oder Einzahl; das muss aus dem Zusammenhang geschlossen werden.) **4.** Was studieren Sie an der Universität? (Könnte auch „Was studierst du an der Universität" heißen – in diesem Buch benutzen wir einen höflich-neutralen Stil, der auch unter jungen Leuten üblich ist.)

3 B Übungen

1. Da kann man nichts machen **1.** In Japan ist alles teuer. (Eine Legende, die sich trotz schwachem Yen noch immer hält.) **2.** Mein Zimmer ist eng. **3.** Der heutige Curry-Reis ist teuer. **4.** Ich bin total beschäftigt.
2. Das Berliner Apartment **1.** Berurin.no apāto **2.** Doitsu.no yūshoku (Deutsches Abendessen mit Wurst, dunklem Brot und Butter werden Sie in Japan allerdings kaum bekommen; Weißbrot gibt es, aber kein dunkles Vollkornbrot.) **3.** Furansu.no heya **4.** Amerika.no namae **5.** Nihon.no sushi **6.** Tōkyō.no gakusei
3. Total beschäftigt **1.** c **2.** d (Oft gehörtes, umgangssprachliches Wort für „ein bisschen" ist auch chotto.) **3.** e **4.** b **5.** a

4 A Übungen

1. Lust auf ... **1.** Watashi.wa yakitori.o tabe.tai.desu. **2.** Watashi.wa karē-raisu.o tabe.tai.desu. **3.** Watashi.wa sashimi.o tabe.tai.desu. **4.** Watashi.wa tenpura.o tabe.tai.desu. **5.** Watashi.wa edamame.o tabe.tai.desu.
2. Ich möchte ... **1.** Bīru.o nomi.tai.desu.**2.** Keizaigaku.o benkyō shi.tai.desu. **3.** Chūmon. shi.tai.desu. **4.** Konbini.de arubaito.o shi.tai.desu. **5.** Sushi.o tabe.tai.desu.
3. Bier und grüne Bohnen **1.** c: bīru.to edamame **2.** d: sashimi.to sushi **3.** a: Tōkyō.to Berurin **4.** f: Hanna.san.to Miyuki.san **5.** b: heya.to apāto **6.** e: Nihon.to Doitsu
4. Lass uns studieren! **1.** Benkyō shi.mashō! **2.** Arubaito.o shi.mashō! (oder kurz baito = der Job) **3.** Nomi.mashō! **4.** Tabe.mashō! **5.** Chūmon shi.mashō!

5. Lecker, lecker, lecker **1.** (Watashi.wa) Yakitori.o tabe.tai.desu. (watashi.wa kann man auch oft weglassen, weil man aus dem Zusammenhang schließen kann, dass es um mich und meine Wünsche geht; -o: Anhängsel für den Wenfall) **2.** (Watashi.wa) yakitori.ga dai.suki.desu. (Sie erinnern sich? Was man mag, steht mit -ga.) **3.** Yakitori.wa oishi.i.desu. **4.** Bīru.o nomi.tai.desu. watashi.wa) bīru.ga suki.desu. (Nur mögen, nicht sehr mögen, deshalb nur suki.desu und nicht dai.suki.desu.)

4 B Übungen

1. Ich möchte bitte ... **1.**Bīru.o ni.hon o.negai shi.masu. **2.** Yakitori.o hap.pon o.negai shi.masu. **3.** Bīru.o yon.hon o.negai shi.masu. **4.** Yakitori.o san.bon o.negai shi.masu. (Achtung, Verschmelzung!!!)
2. Es ist vorbei, bye, bye ... **1.** Bīru.o nomi.mashita. **2.** Sushi.o tabe.mashita. **3.** Keizaigaku.o benkyō shi.te. i.mashita. **4.** Konbini.de arubaito.o shi.mashita. **5.** Wakari.mashita.
3. Lückenfüller **1.** Nani.o tabe.tai.desu.ka? (Was möchtest du/möchten Sie essen?) **2.** Bīru.ga dai.suki.desu. (Ich mag Bier sehr.) **3.** Nani.o nomitai.desu.ka? (Was möchtest du/möchten Sie trinken?) **4.** Watashi.wa bīru.ga suki.desu. (Was mich angeht, ich mag Bier.) **5.** Nihon.no daigaku.de benkyō shi.mashita. (Zur Erinnerung: mit -no werden zwei Hauptwörter einander zugeordnet. Übersetzung: Ich habe an einer japanischen Universität studiert.)

T 1 Test

1. Welche Antwort stimmt? **1.** c **2.** a **3.** b **4.** c **5.** c **6.** a
2. Fragen und Antworten **1.** b **2.** d **3.** e **4.** a **5.** f **6.** c
3. Was fehlt? **1.** c **2.** b **3.** a **4.** c **5.** b **6.** b
4. Wie sagt man auf Japanisch? **1.** Konnichiwa! **2.** Gochisōsama.deshita. **3.** Genki.desu.ka? **4.** Yōkoso! **5.** Dōmo arigatō. **6.** Hai, dōzo!

5 A Übungen

1. Fragen über Fragen **1.** c **2.** d **3.** a **4.** b
2. Was heißt hier was? **1.** b (a: oishi.katta.desu.ka?) **2.** a (b: isogashi.i.desu.ka?) **3.** b (a: arubaito.o shite i.masu.) **4.** b (a: daigaku.de benkyō shite i.masu.ne)
3. Vergangenheit **1.** tabe.mashita (ich, du, er ... hat gegessen) **2.** wakari.mashita (ich, du, er ... hat verstanden) **3.** ugoki.mashita (ich, du, er ... hat sich bewegt) **4.** bikkuri shi.mashita (ich, du, er ... hat sich erschrocken)
4. Nein sagen **1.** Īe, sema.ku nai.desu. **2.** Īe, taka.ku nai.desu. **3.** Īe, ita.ku nai.desu. **4.** Īe, oishi.ku nai.desu. **5.** Īe, isogashi.ku nai.desu.
5. Die richtige Reihenfolge **1.** Doko.ka ita.i.desu.ka? (Tut es irgendwo weh?) **2.** Demo bikkuri-shi.mashita. (Aber ich habe mich erschrocken.) **3.** Doko.mo ita.ku nai.desu. (Nirgendwo tut es weh.) **4.** Hajimemashite dōzo yoroshiku. (Es freut mich sehr, Sie kennen zu lernen.) **5.** Bīru.ga dai.suki.desu. (Ich mag Bier sehr gerne.)

5 B Übungen

1. Wo waren Sie heute? **1.** Kyō kissaten.ni i.mashita. **2.** Kyō Tōkyō.ni i.mashita. **3.** Kyō daigaku.ni i.mashita. **4.** Kyō konbini.ni i.mashita. **5.** Kyō apāto.ni i.mashita.
2. Wie war's? **1.** Dō.deshita.ka? (Wie war es?) **2.** Hana.wa kirei.deshita. (Die Blume war schön.) **3.** Oishi.i sandoichi.deshita. (Das war ein leckeres Sandwich. Gibt's mit Schinken, Ei oder Thunfisch im konbini.) **4.** Sema.i heya.deshita. (Das war ein enges Zimmer.) **5.** Nan.deshita.ka? (Was war es?)
3. Es gibt oft ... **1.** Nihon.wa jishin.ga ō.i.desu. **2.** Tōkyō.wa daigaku.ga ō.i.desu. **3.** Amerika.wa konbini.ga ō.i.desu. **4.** Doitsu.wa hana.ga ō.i.desu. **5.** Izakaya.wa gakusei.ga ō.i.desu. (Angestellte mit Schlips und Anzug gibt es in der izakaya natürlich auch viele, die auf ihren Feierabend anstoßen.)

6 A Übungen

1. Auf Deutsch bitte! **1.** Willkommen! **2.** Ich möchte nach Kyōto fahren. **3.** Kann ich eine Hotelreservierung machen? **4.** Wie viele Übernachtungen sind es?
2. Was möchten Sie? **1.** Watashi.wa Kyōto.ni iki.tai.desu. (Ich möchte nach Kyōto fahren.) **2.** Daigaku.ni iki.tai.desu. (Ich möchte in die Universität gehen.) **3.** Nihon.ni i.tai.desu. (Ich möchte in Japan bleiben.) **4.** Karē-raisu.o tabe.tai.desu. (Ich möchte Curry-Reis essen. Den mögen übrigens besonders japanische Kinder gern, die Spaghetti Japans also, obwohl's die natürlich auch gibt.) **5.** Bīru.o nomi.tai.desu. (Ich möchte Bier trinken. Na dann: kanpaj! [Prost!])
3. Kann ich ...? **1.** Hoteru.no yoyaku.ga deki.masu.ka? (Kann ich eine Hotelreservierung machen?) **2.** Sushi.no.chūmon.ga deki.masu.ka? (Kann ich Sushi bestellen?) **3.** Keizaigaku.no.benkyō. ga deki.masu.ka? (Kann ich Wirtschaftswissenschaft studieren?) **4.** Konbini.de arubaito.ga deki. masu.ka? (Kann ich im 24-Stunden-Laden jobben?)
4. Der wie vielte? **1.** jū go.nichi **2.** ni jū ni.nichi **3.** san jū.nichi **4.** jū ichi.nichi **5.** ni jū go.nichi **6.** ni jū nana.nichi **7.** san jū ichi.nichi **8.** jū ni.nichi
5. Welche Erwiderung passt? **1.** a (Frage nach dem Wann; b: Es sind fünf Übernachtungen.) **2.** b (Frage nach der Anzahl der Übernachtungen; a: Es ist der 22.) **3.** a (Frage nach dem Ort; b: Es sind Sushi.) **4.** a (Frage nach dem Alter; b: Es sind acht lange, schlanke Dinge [z. B. Flaschen].)

6 B Übungen

1. Von Januar, Februar, März an ... **1.** ichi.gatsu.kara **2.** ni.gatsu.kara **3.** san.gatsu.kara **4.** shi. gatsu.kara **5.** go.gatsu.kara **6.** roku.gatsu.kara **7.** shichi.gatsu.kara **8.** hachi.gatsu.kara **9.** ku.gatsu. kara **10.** jū.gatsu.kara **11.** jū ichi.gatsu.kara **12.** jū ni.gatsu.kara
2. Ich heiße ... **1.**Hanna Burume.to i.imasu. **2.** Okazaki Tetsu.to i.imasu. (japanische Namen funktionieren anders herum) **3.** Herumuto Kōru.to i.imasu. **4.** Geaharuto Shurēdā.to i.imasu. **5.** Shutefi Gurafu.to i.imasu. **6.** Marutin Shumitto.to i.imasu. (Noch ein ehemaliger Skispringer, dieses Mal ein erfolgreicher Deutscher.)
3. Was kostet eine Nacht? **1.** Ichi.man.en.desu. **2.** Ni.man.en.desu. **3.** Go.man.en.desu. **4.** San.man.en.desu.
4. Also, eine bescheidene Bitte ... (Nicht vergessen: das, worum man bittet, steht mit -o!) **1.** Jā, hoteru.no yoyaku.o o.negai shi.masu. (Wörtlich: ich mache eine bescheidene Bitte) **2.** Jā, bīru.no chūmon.o o.negai shi.masu. **3.** Jā, o.namae.o o.negai shi.masu. **4.** Jā, yūshoku.o o.negai shi.masu.

7 A Übungen

1. Was tun Sie? **1.** tabe.masu **2.** nomi.masu **3.** i.masu **4.** iki.masu **5.** ari.masu **6.** kai.masu **7.** shi.masu **8.** wakari.masu
2. Könnerschaft **1.** ka.u koto.ga deki.masu **2.** tabe.ru koto.ga deki.masu **3.** nom.u koto.ga deki.masu **4.** ik.u koto.ga deki.masu **5.** wakar.u koto.ga deki.masu **6.** k.uru koto.ga deki.masu. (Die Form von „kommen" ist unregelmäßig; da hilft nur auswendig lernen.)
3. Ich möchte nach Kyōto fahren **1.** (Lust auf japanische Geschichte? Sagen Sie, wohin Sie möchten:) Kyōto.ni iki.tai.desu. **2.** (Zurück in die Großstadt?) Tōkyō.ni iki.tai.desu. **3.** (Vielleicht haben Sie Fernweh? Sagen Sie:) Amerika.ni iki.tai.desu. **4.** (Wenn Sie Heimweh haben, können Sie endlich sagen, wohin Sie möchten:) Doitsu.ni iki.tai.desu. **5.** (Nun an die Universität:) Daigaku.ni iki.tai.desu. **6.** (Hunger? Sagen Sie:) Konbini.ni iki.tai.desu.
4. Was bedeutet was? **1.** f (was? – nani?) **2.** c (wie viel? – ikura?) **3.** a (warum? – naze?) **4.** e (wie? – dō?) **5.** b (wo? – doko?) **6.** d (wann? – itsu?)
5. Wir wünschen einen guten Abend! **1.** d **2.** c **3.**b **4.**a

7 B Übungen

1. Ich bitte darum **1.** Kin'en.no seki.o o.negai shi.masu. (Die zusammengesetzten Wörter immer schön mit -no verbinden!) **2.** Hoteru.no yoyaku.o o.negai shi.masu. **3.** Shinkansen.no kippu.o o.negai shi.masu. (Alternativ: statt des umgangssprachlicheren kippu geht auch jōshaken.) **4.** Ōfuku.no jōshaken.o o.negai shi.masu.

2. Wie viel Uhr? **1.** jū.ji **2.** ku.ji **3.** hachi.ji **4.** shichi.ji **5.** roku.ji **6.** go.ji **7.** yo.ji **8.** san.ji **9.** ni.ji **10.** ichi.ji

3. Die Minuten zählen **1.** ichi.ji ip.pun **2.** san.ji san.pun **3.** yo.ji yon.pun **4.** roku.ji rop.pun **5.** hachi.ji hap.pun **6.** jū.ji jup.pun

8 A Übungen

1. Ich glaube/meine/denke ... **1.** Muri.da.to omoi.masu. **2.** Genki.da.to omoi.masu. **3.** Kirei.da.to omoi.masu. **4.** Suki.da.to omoi.masu. **5.** Benri.da.to omoi.masu.

2. Fragen suchen **1.** Yoyaku.no kyanseru.o shi.masu.ka? **2.** Bīru.no chūmon.o shi.masu.ka? **3.** Konbini.no arubaito.o shi.masu.ka? **4.** Hoteru.no yoyaku.o shi.masu.ka? **5.** Kyōto.no ryokō.o shi.masu.ka?

3. Kleine Wörter **1.** d **2.** c **3.** a **4.** b

4. Welche Erwiderung passt? **1.** b (Geht die Reise in Ordnung? – Nein, ich glaube, das ist unmöglich. a: Ja, mir geht es gut/ich bin gesund.) **2.** b (Was hast du gemacht? – Mir tut der Kopf weh. a: Nein, mir tut es nirgends weh.) **3.** a (Fieber? – Wahrscheinlich habe ich ein bisschen. b: Ich mag Curry-Reis.) **4.** b (Wie viel Uhr ist es? Es ist acht Uhr. a: 20.000 Yen sind es.)

5. Auf Japanisch bitte! **1.** Atama.ga ita.i.desu. **2.** Heya.ga sema.i.desu. **3.** Jishin.ga tsuyo.i.desu. **4.** Ryokō.ga taka.i.desu. **5.** Hoteru.ga ō.i.desu.

8 B Übungen

1. Sagen Sie auch mal nein! **1.** Atama.wa ita.ku nai.desu. **2.** Heya.wa sema.ku nai.desu. **3.** Kono kusuri.wa yo.ku nai.desu. **4.** Jishin.wa tsuyo.ku nai.desu.

2. Höflichkeit **1.** (Die masu-Form ist der übliche höflich-formelle Stil für den Alltag; nur guten Freunden oder Familienmitgliedern gegenüber wird schon mal die Wörterbuchform benutzt.) kai.masu (kaufen) **2.** ii.masu (sagen) **3.** nomi.masu (trinken) **4.** ari.masu (es gibt) **5.** ki.masu (kommen) **6.** shi.masu (tun)

3. Ich hatte vor ... **1.** Ryokō.o s.uru tsumori.deshita. **2.** Daigaku.ni ik.u tsumori.deshita. **3.** Bīru.o nom.u tsumori.deshita. **4.** Sushi.o tabe.ru tsumori.deshita.

4. Gute Besserung! **1.** Der Kopf tut weh. **2.** Ich habe auch Fieber. **3.** Ist es eine Erkältung? **4.** Das ist schlimm, nicht? **5.** Nirgends tut's mir weh.

T 2 Test

1. Welche Antwort stimmt? **1.** b **2.** c **3.** c **4.** a **5.** c **6.** b

2. Fragen und Antworten **1.** b **2.** e **3.** c **4.** a **5.** f **6.** d

3. Was fehlt? **1.** b **2.** c **3.** a **4.** a **5.** b **6.** b

4. Wie heißt das auf Japanisch? **1.** O.daiji.ni. **2.** O.hayō gozai.masu. **3.** Konbanwa. **4.** Konnichiwa. **5.** Irasshaimase! **6.** Dō.deshita.ka?

9 A Übungen

1. Was kostet ...? **1.** Kono orenji-jūsu.wa ikura.desu.ka? **2.** Kono sandoichi.wa ikura.desu.ka? (sandoichi = Sandwich) **3.** Kono shinbun.wa ikura.desu.ka? **4.** Kono sake.wa ikura.desu.ka? **5.** Kono wain.wa ikura.desu.ka? **6.** Kono kusuri.wa ikura.desu.ka? (kusuri = Medizin)

2. Ab 100 Yen aufwärts **1.** hyaku.en (Im Gegensatz zu ichi.man [10.000] und is.sen [1.000 – kommt später dran] braucht 100 keine eins [ichi]). **2.** ni.hyaku.en **3.** san.byaku.en **4.** yon.hyaku.en **5.** yon.hyaku yon jū.en **6.** go.hyaku go jū.en **7.** rop.pyaku roku jū.en **8.** nana.hyaku nana jū nana.en **9.** hap.pyaku hachi jū hachi.en **10.** kyū.hyaku kyū jū kyū.en

3. Bitte! **1.** Orenji-jūsu.o kudasai! **2.** Wain.o kudasai! **3.** Tōkyō.no chizu.o kudasai! **4.** Yomiuri-shinbun.o kudasai! **5.** Ōfuku.no kippu.o kudasai! **6.** Shinkansen.no kippu.o kudasai! (**5.** und **6.** gilt: Statt kippu könnte man auch jōshaken, das offiziellere Wort für Fahrkarte, benutzen.)

4. Wieder mal nein sagen **1.** ari.masen (nicht geben) **2.** tabe.masen (nicht essen) **3.** nomi.masen (nicht trinken) **4.** i.masen (nicht bleiben/sein) **5.** wakari.masen (nicht verstehen) **6.** uri.masen (nicht verkaufen)

5. Was heißt denn hier bitte was? **1.** d **2.** e **3.** b **4.** c **5.** a

9 B Übungen

1. Ich möchte ... **1.** Hotto-kōhī.ga hoshi.i.desu. **2.** Shinkansen.no jōshaken.ga hoshi.i.desu. **3.** Oishi.i wain.ga hoshi.i.desu. **4.** Kirei.na hana.ga hoshi.i.desu.

2. Schwierige Wörter **1.** Automat **2.** Benutzung **3.** gern geschehen **4.** einfache Fahrt, Karte für den Hinweg **5.** Guten Morgen **6.** Fahrkarte

3. Milch und Zucker **1.** satō.to miruku (c) **2.** ōfuku.to katamichi (d) **3.** bīru.to wain (a) **4.** sushi.to sashimi (b)

4. Tun Sie das bitte! **1.** oshi.te kudasai! **2.** tabe.te kudasai! **3.** non.de kudasai! **4.** ugoi.te kudasai! **5.** ki.te kudasai! **6.** it.te kudasai!

10 A Übungen

1. Vor und gegenüber **1.** Hachikō.no mae **2.** Hachikō.no mukai **3.** daigaku.no mae **4.** konbini.no mukai **5.** hoteru.no mae **6.** jidō-hanbaiki.no mukai

2. Sind Sie noch immer ein „Könner"? **1.** a.e.ru **2.** ka.e.ru **3.** omo.e.ru **4.** ugok.e.ru **5.** i.e.ru **6.** nom.e.ru

3. Genau hinhören, genau nachplappern **1.** Wann können wir uns das nächste Mal treffen? **2.** Wie ist es am Samstagnachmittag? **3.** Um wie viel Uhr? **4.** Wo treffen wir uns? **5.** Wie ist es vor dem Hachikō?

4. Wo treffen wir uns? **1.** Sō.desu.ne. Hachikō.no.mae.wa dō.desu.ka? **2.** Sō.desu.ne. Daigaku.no.mae.wa dō.desu.ka? **3.** Sō.desu.ne. Konbini.no.mae.wa dō.desu.ka? **4.** Sō.desu.ne. Hoteru.no.mae.wa dō.desu.ka? **5.** Sō.desu.ne. Hoteru.no.heya.wa dō.desu.ka? (Im Hotelzimmer!) **6.** Sō.desu.ne. Watashi.no.heya.wa dō.desu.ka? **7.** Sō.desu.ne. Kissaten.wa dō.desu.ka? **8.** Sō.desu.ne. Izakaya.wa dō.desu.ka?

5. Ein Treffen? **1.** Nan.ji.ni a.e.masu.ka? **2.** Doko.de a.e.masu.ka? **3.** Itsu a.e.masu.ka? **4.** Do.yōbi.ni.wa a.e.masu.ka?

10 B Übungen

1. An welchem Tag? **1.** Sō.desu.ne. Nichi.yōbi.wa dō.desu.ka? (Hier geht's um Sonntag.) **2.** Sō.desu.ne. Getsu.yōbi.wa dō.desu.ka? (Hier geht's um Montag.) **3.** Sō.desu.ne. Ka.yōbi.wa dō.desu.ka? (Hier geht's um Dienstag.) **4.** Sō.desu.ne. Sui.yōbi.wa dō.desu.ka? (Hier geht's um Mittwoch.) **5.** Sō.desu.ne. Moku.yōbi.wa dō.desu.ka? (Hier geht's um Donnerstag.) **6.** Sō.desu.ne. Kin.yōbi.wa dō.desu.ka? (Hier geht's um Freitag.) **7.** Sō.desu.ne. Do.yōbi.wa dō.desu.ka? (Hier geht's um Samstag.) **8.** Sō.desu.ne. Kyō.wa dō.desu.ka? (Oder sind Sie ein ganz flexibler Typ und wollen sich gleich heute treffen?!)

2. Welche Erwiderung passt? **1.** b (Wo bist Du jetzt? – Ich bin in Deutschland; a: Ja, ich bin da. **2.** a (Können wir uns irgendwann treffen? – Ja, wir können uns treffen; b: Ja, ich habe verstanden.) **3.** b (Wann können wir uns treffen? – Heute können wir uns treffen; a: Ja, wir können uns treffen.)

4. a (Diese Woche Mittwoch, wie ist das? – Es ist ein bisschen unmöglich; b: Ja, so ist das.)
3. Wie wär's um ein Uhr? **1.** Sō.desu.ne. Ichi.ji.wa dō.desu.ka? **2.** Sō.desu.ne. Ni.ji.wa dō.desu.ka? **3.** Sō.desu.ne. San.ji.wa dō.desu.ka? **4.** Sō.desu.ne. Yo.ji.wa dō.desu.ka? (Haben Sie's gemerkt? Eine unregelmäßige Form!) **5.** Sō.desu.ne. Go.ji.wa dō.desu.ka? **6.** Sō.desu.ne. Roku.ji.wa dō.desu.ka? **7.** Sō.desu.ne. Shichi.ji.wa dō.desu.ka? **8.** Sō.desu.ne. Hachi.ji.wa dō.desu.ka? (Das sō.desu.ne ist übrigens eigentlich nur Lückenfüller und gibt Ihnen Zeit zum Überlegen; praktisch.)

11 A Übungen

1. Ich möchte kaufen **1.** Chikatetsu.no.kippu.o kai.tai.desu. **2.** Shinkansen.no kippu.o kai.tai.desu. **3.** Doitsu.no shinbun.o kai.tai.desu. **4.** Nihon.no shinbun.o kai.tai.desu. **5.** Kyōto.no chizu.o kai.tai.desu.
2. Besorgen Sie Fahrkarten **1.** Chikatetsu.no kippu.o kat.te kudasai. **2.** Katamichi.no kippu.o kat.te kudasai. **3.** Ōfuku.no kippu.o kat.te kudasai. **4.** Nori-kae.no kippu.o kat.te kudasai. **5.** Onaji kippu.o kat.te kudasai.
3. Entschuldigung **1.** Entschuldigung **2.** Ach, so ist das? **3.** Nein, es verhält sich anders. **4.** Vielen herzlichen Dank. **5.** Es ist in Ordnung.
4. Von Ebisu bis Shibuya **1.** Ebisu.kara Shibuya.made **2.** Ginza.kara Ikebukuro.made **3.** Tōkyō.kara Kyōto.made **4.** Nihon.kara Amerika.made **5.** Doitsu.kara Nihon.made (Eine ganz schöne Entfernung, rund 10.000 Kilometer = ichi.man.kiro)
5. Die richtige Reihenfolge bitte **1.** Sumimasen. (3) **2.** Hai, nan.desu.ka? (5) **3.** Chikatetsu.no kippu.o kai.tai.desu. (2) **4.** Doko.ni iki.tai.desu.ka? (1) **5.** Shibuya.ni iki.tai.desu. (6) **6.** Hai, wakari.mashita. (4)

11 B Übungen

1. Mal nach links, mal nach rechts (Rechts und links – wussten Sie, dass in Japan Linksverkehr herrscht???) **1.** Migi.ni it.te kudasai. **2.** Hidari.ni it.te kudasai. **3.** Asoko.ni it.te kudasai. **4.** Deguchi.ni it.te kudasai. **5.** Kaidan.ni it.te kudasai. **6.** Hachikō.no mae.ni it.te kudasai.
2. Wenn man den Bahnhof verlässt ... **1.** Eki.o de.ru.to, Hachikō.wa hidari.desu. **2.** Kissaten.o de.ru.to, eki.wa hidari.desu. **3.** Izakaya.o de.ru.to, kissaten.wa migi.desu. **4.** Konbini.o de.ru.to, izakaya.wa migi.desu. **5.** Hoteru.o de.ru.to, konbini.wa mae.desu. **6.** Shinbun.sha.o de.ru.to, hoteru.wa mae.desu. (Können Sie nun einen Stadtplan zeichnen? Hauptsache, Sie verirren sich nicht!)
3. Ein japanischer 24-Stunden-Laden **1.** Nihon.no konbini **2.** Amerika.no shinbun **3.** Furansu.no chizu **4.** Chūgakkō.no benkyō (chūgakkō = Mittelschule)
4. Entschuldigung (Damit Sie auch wissen, wovon Sie sprechen, hier die Übersetzungen:) **1.** Entschuldigung. **2.** Ja, was gibt es? **3.** Ich möchte zum Bahnhof fahren/gehen. **4.** Also gehen Sie bitte nach rechts. **5.** Das ist einfach, nicht? **6.** Vielen herzlichen Dank.

12 A Übungen

1. Was möchten Sie kaufen? **1.** Benri.na suihanki.desu. **2.** Kirei.na hana.desu. **3.** Oishi.i sushi.desu. **4.** Hotto-kōhī.desu. **5.** Taka.i sashimi.desu.
2. Anders als ... **1.** Yōroppa.to chigai.masu **2.** Doitsu.to chigai.masu **3.** Tōkyō.to chigai.masu **4.** Furansu.to chigai.masu **5.** Berurin.to chigai.masu
3. Lasst uns...! **1.** Suihanki.o sagashi.mashō. **2.** Hanbāgā.o tabe.mashō. **3.** Erebētā.de agari.mashō. **4.** Kaidan.de ori.mashō. **5.** Heya.o tsukai.mashō. **6.** Yōroppa.ni iki.mashō.
4. Was ist normal? **1.** f (normal – futsū) **2.** e (warum? – dōshite?) **3.** c (tatsächlich – naruhodo) **4.** b (Ausland – gaikoku) **5.** a (gleich – onaji) **6.** d (einfach – kantan)
5. Dinge, die ... **1.** Dinge, die man im Ausland benutzen kann. **2.** Dinge, die man in Japan benutzen kann. **3.** Dinge, die man in Deutschland isst. **4.** Dinge, die man in Amerika kaufen kann. **5.** Dinge, die man in Kyōto trinkt.

12 B Übungen

1. Tausender **1.** (is.)sen **2.** ni.sen **3.** san.zen **4.** yon.sen **5.** go.sen **6.** roku.sen **7.** nana.sen **8.** has.sen **9.** kyū.sen **10.** ichi.man

2. Weil ich Deutscher bin **1.** Doitsu.jin.da.kara, bīru.ga suki.desu. **2.** Amerika.jin.da.kara, hanbāgā.ga suki.desu. **3.** Nihon.jin.da.kara, sushi.ga suki.desu. **4.** Furansu.jin.da.kara, aka-wain.ga suki.desu.

3. Sowohl weiß als auch rot **1.** Shiro.ya aka.mo ari.masu. **2.** Hon.ya shinbun.mo ari.masu. (hon = Buch, siehe kanji Seite 12) **3.** Sushi.ya tenpura.mo ari.masu. **4.** Bīru.ya wain.mo ari.masu.

T 3 Test

1. Welche Antwort stimmt? **1.** b **2.** c **3.** a **4.** c **5.** c **6.** a

2. Fragen und Antworten **1.** b **2.** a **3.** f **4.** e **5.** d **6.** c

3. Was fehlt? **1.** a **2.** c **3.** c **4.** b **5.** a **6.** b

4. Wie sagt man das auf Japanisch? **1.** Dōitashimashite. **2.** Tōkyō.ni i.masu. **3.** Nan.ji.ni? **4.** Dōmo arigatō gozaimasu. **5.** Wakari.mashita. **6.** Nani.o kai.tai.desu.ka?

13 A Übungen

1. Von vorne der Sechste **1.** Mae.kara roku.ban.me.desu. **2.** Mae.kara san.ban.me.desu. **3.** Mae.kara ni.ban.me.desu. **4.** Mae.kara ichi.ban.me.desu. **5.** Mae.kara yon.ban.me.desu. **6.** Mae.kara hachi.ban.me.desu.

2. Frage-Antwort-Spiel **1.** b (Frage: Wo ist dein Platz? Antwort: Er ist am Fenster. Nicht a: Ja, hier ist er.) **2.** a (Frage: Ist es ein Raucher-Platz? Antwort: Nein, es ist Nichtraucher. Nicht b: Ja, ich habe verstanden. – Dann hätten Sie leider nichts verstanden ...) **3.** a (Frage: Wo tue ich es hinein? Antwort: Tun wir es vorne hinein. Nicht b: Ja, so ist es.) **4.** b (Frage: Was möchtest du kaufen? Antwort: Es ist ein Buch. Nicht a: Ach, wie gut. – Das wäre gar nicht gut ...)

3. Raucher oder Nichtraucher? **1.** e **2.** f **3.** c **4.**b **5.** a **6.** d. In vielen japanischen Städten ist es mittlerweile verboten, auf der Straße zu rauchen. Dafür gibt es extra ausgewiesene Raucherecken und -plätze.

4. Mein rechter Platz ist leer ... **1.** Migi.ga ai.te i.masu. **2.** Ushiro.ga ai.te i.masu. **3.** Mae.ga ai.te i.masu. **4.** Hidari.ga ai.te i.masu. **5.** Mado-gawa.ga ai.te i.masu. **6.** Koko.ga ai.te i.masu.

5. Ich weiß – ich wusste **1.** shir.ana.i – shir.ana.katta **2.** wakar.ana.i – wakar.ana.katta **3.** omow.ana.i – omow.ana.katta (Hier aufgepasst: endet der Stamm auf a-, i- oder [wie hier] o-, wird ein w eingeschoben!!! siehe auch **4.**!) **4.** kaw.ana.i – kaw.ana.katta **5.** shi.nai – shi.na.katta (ist unregelmäßig, genau wie **6.** k.uru) **6.** ko.na.i – ko.na.katta **7.** tabe.na.i – tabe.na.katta **8.** deki.na.i – deki.na.katta **9.** ugok.ana.i – ugok.ana.katta **10.** ik.ana.i – ik.ana.katta

13 B Übungen

1. Bitte bis zum Friedenspark! **1.** Heiwa-kōen.made o.negai shi.masu! **2.** Tōkyō Daigaku.made o.negai.shi.masu! **3.** Yomiuri-shinbun.sha.made o.negai.shi.masu! **4.** Shibuya-eki.made o.negai shi.masu! **5.** Kamogawa-ryokan.made o.negai shi.masu!

2. Es ist nicht weit **1.** tō.ku ari.masen (Alternative: statt ari.masen das Eigenschaftswort na.i.desu; Bedeutung bleibt gleich) **2.** taka.ku ari.masen (zur Erinnerung: taka.i = teuer) **3.** yo.ku ari.masen (Ersatzform für i.i = gut) **4.** isogashi.ku ari.masen (isogashi.i = beschäftigt) **5.** ita.ku ari.masen (ita.i = weh tun) **6.** tsuyo.ku ari.masen (tsuyo.i = stark) **7.** hoshi.ku ari.masen (hoshi.i = wollen) **8.** chika.ku ari.masen (chika.i = nah) **9.** ō.ku ari.masen (ō.i = viel) **10.** oishi.ku ari.masen (oishi.i = lecker)

3. Nah und fern **1.** c **2.** a **3.** d **4.** b

14 A Übungen

1. Ich habe noch nie ... **1.** Onsen.ni it.ta koto.ga ari.masen. **2.** Suihanki.o kat.ta koto.ga ari.masen. **3.** Sushi.o tabe.ta koto.ga ari.masen. **4.** O.sake.o non.da koto.ga ari.masen. (Sie haben noch nie Sake getrunken? Sollten Sie mal probieren; wird übrigens kalt oder warm serviert. Letzteres tut besonders im japanischen Winter gut, der ganz schön kalt werden kann.) **5.** Daigaku.de benkyō shi.ta koto.ga ari.masen.

2. Bitte! **1.** Iroiro oshie.te kudasai. **2.** Kutsu.o nui.de kudasai. (*nug.u* wird zu *nui.de*!) **3.** Rokkā.ni ire.te kudasai. **4.** Naka.ni hait.te kudasai. **5.** Kochira.ni suwat.te kudasai.

3. Und **1.** Onsen.ni it.te, fuku.o nugi.masu. **2.** Fuku.o nui.de, rokkā.ni ire.masu. **3.** Iroiro oshie.te, zenbu wakari.masu. **4.** Karē-raisu.o tabe.te, o.sake.o nomi.masu.

4. Ich habe schon mal **1.** Fuku.o rokkā.ni ire.ta koto.ga ari.masu. **2.** Kutsu.o koko.de nui.da koto.ga ari.masu. (Der Ort, an dem man etwas tut, z. B. seine Schuhe ausziehen, steht mit -de. Im Gegensatz dazu: Der Ort, zu dem man geht, steht mit -ni) **3.** Kagi.o kake.ta koto.ga ari.masu. **4.** Ryokō.ni it.ta koto.ga ari.masu. **5.** Hoteru.no yoyaku.o shi.ta koto.ga ari.masu. (Hotelreservierung = hoteru.no yoyaku)

5. Einfach nachsprechen! **1.** Lehren Sie mich bitte Verschiedenes. (Oder: Bringen Sie mir bitte Verschiedenes bei.) **2.** Zieh/Ziehen Sie hier bitte deine/Ihre Schuhe aus. (Ob du oder Sie ist auf Japanisch ja kein Unterschied – gilt auch für die folgenden Sätze.) **3.** Tu die Kleider bitte in das Schließfach hinein. **4.** Schließ bitte mit dem Schlüssel ab. (Oder: Dreh bitte den Schlüssel um. Also einfach: Schließ bitte ab. Der Schlüssel [kagi] steht aber immer dabei.) **5.** Also, gehen wir hinein! (Wörtlich: Also, lass uns ins Innere hineingehen!)

14 B Übungen

1. Bevor Sie ... **1.** O.furo.ni hair.u mae.ni, karada.o yo.ku arat.te kudasai. **2.** Sushi.o taber.u mae.ni, te.o yo.ku arat.te kudasai (te = Hand) **3.** Heya.ni hair.u mae.ni, kutsu.o nui.de kudasai. **4.** Onsen.ni hair.u mae.ni, fuku.o nui.de kudasai. **5.** Chikatetsu.ni nor.u mae.ni, kippu.o kat.te kudasai. (Bevor Sie in die U-Bahn einsteigen, kaufen Sie bitte eine Fahrkarte!)

2. Warte! **1.** Mat.te! **2.** Tabe.te! **3.** Ki.o tsuke.te! (Beliebt auch als Gruß zum Abschied: Pass auf dich auf!) **4.** It.te! **5.** Ki.te! **6.** Tsukat.te! **7.** Te.o arat.te **8.** Kore.o kat.te! **9.** Sagashi.te! **10.** Sekken.o nagashi.te!

3. Gut waschen **1.** yo.ku ara.u **2.** taka.ku ari.masen (Es ist nicht teuer) **3.** sugo.ku ita.i (Es tut total weh) **4.** tō.ku na.i (Es ist nicht weit) **5.** yo.ku wakar.u (Ich verstehe gut. Sie auch?)

15 A Übungen

1. Wenn das Wörtchen „wenn“ nicht wär ... **1.** Tsui.tara, oshie.te kudasai. **2.** Tōkyō.ni ki.tara, oshie.te kudasai. **3.** Kutsu.o nui.dara, heya.ni hait.te kudasai. **4.** Fuku.o nui.dara, o.furo.ni hait.te kudasai. **5.** Hon.o kat.tara, o.kane.o harat.te kudasai.

2. Welche Erwiderung passt? **1.** a **2.** b **3.** b

3. Die wie vielte Bushaltestelle? **1.** Nan.ban.me.no basutei.desu.ka? **2.** Nan.ban.me.no deguchi.desu.ka? (Vokabelhilfe: deguchi = Ausgang) **3.** Nan.ban.me.no michi.desu.ka? (michi = Weg) **4.** Nan.ban.me.no seki.desu.ka? (seki = Platz/Sitz) **5.** Nan.ban.me.no eki.desu.ka? (eki = Bahnhof) **6.** Nan.ban.me.no hoteru.desu.ka? (hoteru = Hotel) **7.** Nan.ban.me.no kissaten.desu.ka? (kissaten = Café) **8.** Nan.ban.me.no heya.desu.ka? (heya = Zimmer)

4. Kleine Wörter **1.** c **2.** d **3.** a **4.** e **5.** b

5. Bitte nicht! **1.** O.tsuri.o wasure.na.i.de kudasai! **2.** Kono konbini.de nomimono.o kaw.ana.i.de kudasai! **3.** Kono heya.de mat.ana.i.de kudasai! **4.** Amerika.ni ik.ana.i.de kudasai! **5.** Koko.de o.sushi.o tabe.na.i.de kudasai!

15 B Übungen

1. Darf ich? **1.** Koko.de shashin.o tot.te.mo i.i.desu.ka? **2.** Kono basu.de it.te.mo i.i.desu.ka? **3.** Tatemono.ni hait.te.mo i.i.desu.ka? **4.** Kissaten.de kōhī.o non.de.mo i.i.desu.ka? **5.** Atsu.i o.furo.ni hait.te.mo i.i.desu.ka?

2. Kunterbunt geht's rund **1.** Shashin.o tot.te.mo i.i.desu.ka? **2.** Tatemono.ni hait.te.mo i.i. desu.ka? **3.** Mō fuirumu.ga ari.masen. **4.** Kono tatemono.wa itsu tate.rare.mashita.ka?

3. Finito **1.** Mō fuirumu.ga ari.masen. (fuirumu = Film) **2.** Mō o.sake.ga ari.masen. (o.sake = Reiswein) **3.** Mō bīru.ga ari.masen. (bīru = Bier) **4.** Mō kōhī.ga ari.masen. (kōhī = Kaffee) **5.** Mō miruku. ga ari.masen. (miruku = Milch) **6.** Mō hon.ga ari.masen. (hon = Buch) **7.** Mō hana.ga ari.masen. (hana = Blume) **8.** Mō shinbun.ga ari.masen. (shinbun = Zeitung) **9.** Mō densha.ga ari.masen. (densha = Zug) **10.** Mō basu.ga ari.masen. (basu = Bus, d.h. es gibt schon keinen Bus mehr.)

16 A Übungen

1. Nihon.go bitte! **1.** Are, saifu.ga ari.masen! **2.** Sore.wa komari.mashita. **3.** Dō shi.mashō? **4.** Pasupōto.mo hait.te i.masu.

2. In der Nähe **1.** Kinkaku.ji.no chikaku.ni kōban.ga ari.masu. **2.** Apāto.no chikaku.ni kōen.ga ari. masu. **3.** Eki.no chikaku.ni hoteru.ga ari.masu. **4.** Daigaku.no chikaku.ni konbini.ga ari.masu. **5.** Byōin.no chikaku.ni yakkyoku.ga ari.masu. (Wie praktisch: In der Nähe des Krankenhauses gibt es eine Apotheke.)

3. Aber **1.** Zenbu sagashi.ta, kedo mitsukari.masen. **2.** Kōban.de kii.ta, kedo wakari.masen. **3.** Kutsu.o nui.da, kedo naka.ni hair.e.masen. **4.** Sugu it.ta, kedo o.furo.ni hair.e.masen. **5.** Konbini.de sagashi.ta, kedo ari.masen.

4. Ordentliche Durchsuchung **1.** Kaban.no naka.o chanto sagashi.mashita.ka? **2.** Saifu.no naka.o chanto sagashi.mashita.ka? **3.** Rokkā.no naka.o chanto sagashi.mashita.ka? **4.** Heya.no naka.o chanto sagashi.mashita.ka? **5.** Densha.no naka.o chanto sagashi.mashita.ka? **6.** Basu.no naka.o chanto sagashi.mashita.ka? **7.** Kōen.no naka.o chanto sagashi.mashita.ka? **8.** Ryokan.no naka.o chanto sagashi.mashita.ka? **9.** Kissaten.no naka.o chanto sagashi.mashita.ka? **10.** Byōin.no naka.o chanto sagashi.mashita.ka?

16 B Übungen

1. Anhängliche Anhängsel **1.** Ei.go.ga wakari.masen. **2.** Daijōbu.desu. **3.** Nihon.go.ga hanas.e. masu. **4.** Sore.wa yokat.ta. **5.** Dō shi.mashita.ka?

2. Könnerschaft **1.** Nihon.go.ga hanas.e.masu. **2.** Nihon.go.ga kak.e.masu. **3.** Doitsu.go.ga hanas.e.masu. **4.** O.sake.ga nom.e.masu. **5.** I.i hon.ga ka.e.masu. (Es wäre auch möglich, alternativ so zu formulieren: Nihon.go.o hanas.u koto.ga deki.masu/Nihon.go.o kak.u koto.ga deki.masu/ Doitsu.go.o hanas.u koto.ga deki.masu usw. Achtung, nicht vergessen: Bei dem, was man kann, steht in der Regel die Konstruktion mit -ga!)

3. Ich verstehe nicht **1.** Ei.go.ga wakari.masen. **2.** Nihon.go.ga wakari.masen. **3.** Doitsu.go.ga wakari.masen. **4.** Furansu.go.ga wakari.masen. **5.** Densha.no nori-kae.ga wakari.masen. **6.** Basu.no nori-kae.ga wakari.masen. **7.** Kono aidea.ga wakari.masen. **8.** Daigaku.no benkyō.ga wakari.masen.

T 4 Test

1. Welche Antwort stimmt? **1.** c **2.** c **3.** b **4.** c **5.** b **6.** a

2. Fragen und Antworten **1.** e **2.** c **3.** f **4.** a **5.** b **6.** d

3. Was fehlt? **1.** c **2.** c **3.** b **4.** a **5.** c **6.** b

4. Wie sagt man das auf Japanisch? **1.** Ikura.desu.ka? **2.** Shir.ana.katta.desu. **3.** Owari.mashita. **4.** Hairi.mashō! **5.** I.i aidea.desu. **6.** Ei.go.ga wakari.masen.

17 A Übungen

1. Als ich ... **1.** Kyōto.ni it.ta toki.ni, saifu.o nakushi.te shimai.mashita. **2.** Tōkyō.ni tsui.ta toki.ni, o.kane.o nakushi.te shimai.mashita. **3.** O.furo.ni hait.ta toki.ni, kagi.o nakushi.te shimai.mashita. **4.** Kissaten.ni it.ta toki.ni, kaban.o nakushi.te shimai.mashita. **5.** Benkyō.o shi.ta toki.ni, hon.o nakushi.te shimai.mashita.

2. Papageilesisch **1.** Als ich nach Kyōto gefahren bin, habe ich leider meinen Geldbeutel verloren. **2.** Das war schrecklich, nicht wahr? **3.** Der Geldbeutel ist am nächsten Tag wieder aufgetaucht. **4.** Das war gut. **5.** Ich hatte Glück. (rakkī – schon aufgefallen? Kommt vom englischen Wort lucky.) **6.** Ich möchte auf die Bank gehen.

3. Irgendwie, irgendwo, irgendwann ... **1.** b **2.** d **3.** a **4.** c

4. Bis zum bitteren Ende **1.** Kyōto.de o.kane.o zenbu tsukat.te shimai.mashita. **2.** O.furo.de sekken.o zenbu tsukat.te shimai.mashita. **3.** Kissaten.de kōhī.o zenbu non.de shimai.mashita. **4.** Izakaya.de yakitori.o zenbu tabe.te shimai.mashita.

5. Kein Geld, keine Arbeit, keine Idee ... **1.** Ima o.kane.ga ari.masen. (Bedeutung von ima entfallen? – Jetzt.) **2.** Ima shigoto.ga ari.masen. **3.** Ima aidea.ga ari.masen. **4.** Ima genki.ga ari.masen. (genki – Gesundheit) **5.** Ima heya.ga ari.masen. **6.** Ima shinbun.ga ari.masen. **7.** Ima sekken.ga ari.masen. **8.** Ima nomimono.ga ari.masen. **9.** Ima kirei.na kutsu.ga ari.masen. (Internationales Frauenproblem: keine schönen Schuhe haben.) **10.** Ima i.i fuku.ga ari.masen. (Noch ein eher weibliches Problem: keine guten Kleider haben. Japanerinnen legen übrigens großen Wert auf ihre Kleidung und ein gepflegtes Make-up, das auch schon mal in der U-Bahn in der Rushhour wieder in Ordnung gebracht wird.)

17 B Übungen

1. Schreibübung **1.** Koko.ni namae.o kai.te kudasai. **2.** Koko.ni jūsho.o kai.te kudasai. (jūsho: Adresse) **3.** Koko.ni sain.o kai.te kudasai. (sain: Unterschrift [vom englischen Wort sign]) **4.** Koko.ni denwa-bango.o kai.te kudasai. (denwa-bango: Telefonnummer) **5.** Koko.ni hitsuyō.na koto.o kai.te kudasai. (hitsuyō.na koto: notwendige Angelegenheit)

2. Geldumtausch **1.** San.man.en.o genkin.ni kae.tai.desu. (san.man.en = 30.000 Yen = ca. 190 Euro) **2.** Toraberāzu-chekku.o genkin.ni kae.tai.desu. **3.** Sen.yūro.o genkin.ni kae.tai.desu. (sen.yūro = 1.000 Euro) **4.** Ichi.man.furan.o genkin.ni kae.tai.desu. (ichi.man.furan = Schweizer Franken; der Japaner würde es so präzisieren:. Suisu.no furan = Schweizer Franken) **5.** Go jū.doru.o genkin.ni kae.tai.desu. (go jū.doru = 50 Dollar)

3. Nicht schreiben **1.** kak.ana.i (nicht schreiben) **2.** ik.ana.i (nicht gehen) **3.** shi.na.i (nicht tun – ist unregelmäßig; muss man leider auswendig lernen) **4.** suwar.ana.i (nicht setzten) **5.** kik.ana.i (nicht fragen; kik.u heißt auch „hören") **6.** kae.na.i (nicht umtauschen) **7.** mise.na.i (nicht zeigen) **8.** mitsuke.na.i (nicht finden) **9.** tsukaw.ana.i (nicht benutzen. Bei Tätigkeitswörtern, bei denen vor dem -u ein Selbstlaut steht, schiebt sich ein -w- hinein; ist aus dem Altjapanischen herzuleiten, die Details dazu ersparen wir Ihnen aber lieber; genauso funktionieren ka.u [kaufen] – kaw.ana.i, i.u [sagen] – iw.ana.i, omo.u [denken] – omow.ana.i)

4. Müssen **1.** Namae.o kak.ana.kereba nari.masen. **2.** Ginkō.ni ik.ana.kereba nari.masen. **3.** Benkyō.o shi.na.kereba nari.masen. **4.** Arubaito.o shi.na.kereba nari.masen. **5.** Seki.ni suwar.ana.kereba nari.masen. **6.** Kōban.de kik.ana.kereba nari.masen.

18 A Übungen

1. Auch wenn es ... **1.** c **2.** d **3.** f **4.** e **5.** b **6.** a

2. Hier geht die Post ab **1.** Kono tegami.o Doitsu.e okuri.tai.desu. **2.** Kono tegami.o Furansu.e okuri.tai.desu. **3.** Kono hagaki.o Amerika.e okuri.tai.desu. **4.** Kono nimotsu.o Hiroshima.e okuri.tai.desu. **5.** Kono nimotsu.o Nagasaki.e okuri.tai.desu.

3. Jeder Tag zählt ... **1.** ichi.nichi **2.** futsu.ka **3.** mik.ka **4.** yok.ka **5.** itsu.ka **6.** mui.ka **7.** nano.ka **8.** yō.ka **9.** kokono.ka **10.** tō.ka

4. Ganz viel Post **1.** kitte ichi.mai **2.** kitte ni.mai **3.** kitte san.mai **4.** hagaki nana.mai **5.** hagaki hachi.mai **6.** hagaki kyū.mai **7.** kitte jū.mai

5. Post transozeanisch **1.** Doitsu.made nano.ka kakari.masu. **2.** Amerika.made yō.ka kakari.masu. **3.** Furansu.made mui.ka kakari.masu. **4.** Tōkyō.made ichi.nichi kakari.masu. **5.** Kyōto.made futsu.ka kakari.masu.

18 B Übungen

1. Nummer eins **1.** Hagaki.ga ichi.ban yasu.i.desu. **2.** Kōkū.bin.ga ichi.ban haya.i.desu. **3.** Nihon.no kitte.ga ichi.ban i.i.desu. **4.** Doitsu.no nimotsu.ga ichi.ban taka.i.desu. **5.** Funa.bin.ga ichi.ban oso.i.desu.

2. Schwerer, schneller, heißer, enger **1.** Kono nimotsu.no hō.ga omo.i. **2.** Kono densha.no hō.ga haya.i. **3.** Kono o.furo.no hō.ga atsu.i. **4.** Kono heya.no hō.ga sema.i.

3. Was ist besser? **1.** Saru.bin.wa kōkū.bin.yori yasu.i.desu. **2.** Saru.bin.wa funa.bin.yori taka.i.desu. **3.** Saru.bin.wa kōkū.bin.yori oso.i.desu. **4.** Saru.bin.wa funa.bin.yori haya.i.desu.

19 A Übungen

1. Länger, leckerer, enger, teurer, billiger **1.** Motto naga.ku nari.mashita. (länger) **2.** Motto oishi.ku nari.mashita. (leckerer) **3.** Motto sema.ku nari.mashita. (enger) **4.** Motto taka.ku nari.mashita. (teurer) **5.** Motto yasu.ku nari.mashita. (billiger)

2. Ich muss schon **1.** Mō Doitsu.e kaer.ana.kereba nari.masen. (... nach Deutschland zurückkehren) **2.** Mō Nihon.e ik.ana.kereba nari.masen. (... nach Japan fahren) **3.** Mō tegami.o kak.ana.kereba nari.masen. (... einen Brief schreiben) **4.** Mō o.miyage.o kaw.ana.kereba nari.masen. (Haben Sie hier das -w- eingeschoben? Regel: bei Tätigkeitswörtern, deren Stamm auf -a, -i, -o lautet, wird ein -w- eingeschoben! z. B.: i.u – sagen, omo.u – denken, ka.u – kaufen; hier: ... Mitbringsel kaufen) **5.** Mō nimotsu.o okur.ana.kereba nari.masen. (... das Gepäck schicken)

3. Heute, morgen, übermorgen **1.** Ashita o.miyage.o kai.masu. **2.** Asatte Tōkyō.e kaeri.masu. **3.** Kyō o.sushi.o tabe.masu. **4.** Ashita hagaki.o kaki.masu. **5.** Asatte ginkō.ni iki.masu.

4. Oder **1.** O.cha.ka washi.ka o.senbei.o kai.ta.i.desu. **2.** Miruku.ka kōhī.ka orenji-jūsu.o kai.ta.i.desu. **3.** O.sake.ka wain.ka bīru.o kai.ta.i.desu. **4.** O.sushi.ka hanbāgā.ka sandoichi.o kai.ta.i.desu.

5. Was fehlt? **1.** Asatte mō Doitsu.e kaer.ana.kereba nari.masen. **2.** Zannen.desu.ne. **3.** Motto naga.ku koko.ni i.tai.desu. **4.** Demo Doitsu.de shigoto.ga ari.masu.ne. **5.** Jā, issho.ni iki.mashō.

19 B Übungen

1. Frage-Antwort-Spiel **1.** d (Kankō.de ki.mashita.ka? – Kankō.to shigoto.to ryōhō.desu. a Hai, sō.desu. wäre auch nicht verkehrt.) **2.** e (Dono hako.ga i.i.desu.ka? – Ōki.i hako.o hito.tsu kudasai.) **3.** b (O.senbei.wa ama.i.desu.ka? – Īe, kara.i.desu.) **4.** c (Nani.o kai.tai.desu.ka? – O.senbei.desu.) **5.** a (O.miyage.desu.ka? – Hai, sō.desu.)

2. Zählen lernen **1.** eine hako (Schachtel): hitotsu **2.** zehn kitte (Briefmarken): jū.mai **3.** drei hagaki (Postkarten): san.mai **4.** März: san.gatsu **5.** fünf Yen: go.en (Gibt es als Münzen; sie haben ein Loch in der Mitte und bringen Glück, wenn man sie in den Opferstock eines Tempels oder Schreins wirft.) **6.** zwei (Tage): futsu.ka

3. Beides ist es **1.** Kankō.to shigoto.to ryōhō.desu. **2.** Nihon.go.to Furansu.go.to ryōhō.desu. **3.** Doitsu.to Amerika.to ryōhō.desu. **4.** Benkyō.to arubaito.to ryōhō.desu. **5.** Washi.to o.cha.to ryōhō.desu. **6.** Watashi.to anata.to ryōhō.desu. (watashi nicht mit washi [Japanpapier] verwechseln!)

20 A Übungen

1. Fröhliches Nachbeten **1.** Wenn ich kann, will ich es so machen. **2.** Das ist total schade. (sugo.i [total] wird durch -ku zum Umstandswort und zannen.desu [ist schade] wird näher bestimmt.) **3.** Das sind wunderbare Erinnerungen, nicht wahr? **4.** Natürlich werde ich nicht vergessen. **5.** Also, alles Gute, ne.

2. Wenn ich kann, mache ich es so **1.** Deki.reba, sō shi.masu. **2.** Doitsu.ni kaer.eba, sō shi.masu. **3.** Byōin.ni ik.eba, sō shi.masu. (Bedeutung unklar? byōin = Krankenhaus) **4.** Nihon.ni kur.eba, sō shi.masu. **5.** Pasupōto.o mise.reba, sō shi.masu. (mise.ru = zeigen)

3. Wenn ich ... **1.** Doitsu.ni kaet.tara, sugu.ni īmēru.o kaki.masu. **2.** Kyōto.ni it.tara, sugu.ni kankō.o shi.masu. **3.** Daigaku.ni hait.tara, sugu.ni benkyō.o shi.masu. **4.** Nihon.ni it.tara, sugu.ni onsen.ni hairi.masu. **5.** Izakaya.ni it.tara, sugu.ni o.sake.o nomi.masu.

4. Das hat mich gefreut **1.** Anata.to shiri-a.e.te, ureshi.katta.desu. **2.** Ryokō.o shi.te, ureshi.katta.desu. **3.** Nihon.go.ga wakat.te, ureshi.katta.desu. (Nihon.go = Japanisch) **4.** Heya.ga mitsukat.te, ureshi.katta.desu. (heya = Zimmer, mitsukar.u = finden) **5.** Hana.o morat.te, ureshi.katta.desu. (hana = Blume)

5. Was gehört zusammen? **1.** e īmēru.no adoresu (die E-Mail-Adresse; adoresu [vom englischen Wort address] wird nur in diesem Zusammenhang benutzt; die Postadresse heißt jūsho [siehe 2.]) **2.** b watashi.no jūsho (meine Adresse) **3.** d shinkansen.no kippu (die Shinkansen-Fahrkarte) **4.** a kyō.no shinbun (die heutige Zeitung) **5.** c Doitsu.go.no hon (das deutschsprachige Buch)

20 B Übungen

1. So wird es , wenn ... **1.** Hanna.san.ga Doitsu.e kaet.tara, sabishi.ku nari.masu. **2.** Anata.ga Amerika.ni it.tara, sabishi.ku nari.masu. **3.** Anata.tachi.ni mata at.tara, ureshi.ku nari.masu. **4.** Izakaya.de o.sake.o non.dara, tanoshi.ku nari.masu.

2. Süße und pikante Reiscracker **1.** e (süße & pikante Reiscracker) **2.** a (große & kleine Schachteln) **3.** c (schweres & leichtes Gepäck) **4.** b (lange & kurze Zeit) **5.** f (teure & billige Briefmarken) **6.** d (schnelle & langsame Busse)

3. Zum Abschied **1.** (Sagt man, wenn man sich darüber freut, dass man jemanden kennen gelernt hat.) **2.** (Sagt man, wenn man sich bei jemandem für dessen Fürsorge und Aufmerksamkeit bedankt. sewa = das Umsorgen/die Sorge) **3.** (Wir sagen ja auch: Pass auf dich auf; in diesem Sinne sagen die Japaner, man solle auf seinen Körper (seine Gesundheit) Acht geben.) **4.** (Mit Gesundheit = Alles Gute!) **5.** (Auf Wiedersehen!)

T 5 Test

1. Welche Antwort stimmt? **1.** c **2.** a **3.** c **4.** b **5.** a **6.** b

2. Fragen und Antworten **1.** f **2.** d **3.** e **4.** b **5.** a **6.** c

3. Was fehlt? **1.** a **2.** c **3.** b **4.** a **5.** c **6.** b

4. Wie sagt man das auf Japanisch? **1.** Rakkī.deshita. **2.** Haya.i.desu.ne. **3.** Funa.bin.no hō.ga yasu.i.desu. **4.** Zannen.desu.ne?! **5.** Jā, issho.ni iki.mashō. **6.** Sayōnara!

Kurzgrammatik K

hatsuon Aussprache

Japanisch wird mit drei verschiedenen Schriften geschrieben. Wir ersparen Ihnen das für den Anfang, indem wir eine Umschrift wählen, die für den deutschsprachigen Leser möglichst nah an der japanischen Aussprache ist. Unsere Umschrift orientiert sich an der Hepburn-Umschrift, die z. B. in den meisten Wörterbüchern gebraucht wird.

boin Selbstlaute

a: kurz wie W**a**sser
ā: lang wie N**a**se
i: wie **i**ch; nach sh kaum zu hören, z. B. ***shichi.ji*** (sieben Uhr), ***kinō.deshita*** (es war gestern)
ī: lang wie s**ie**
u: sehr kurz wie K**u**ss mit leichter Neigung zum ü (sächsischer Einschlag); nach **f**, **g**, **b**, **s** und **ts** – verschwindet es fast: ***furankufuruto*** (Frankfurt), ***benkyō shi.te i.masu*** (ich studiere)
ū: lang wie n**u**n (leicht „sächsisch"); die Lippen sind nicht sehr anspannt, sondern eher flach
e: kurz und wie ä, **ä**tzend
ē: lang wie **äh**nlich
o: kurz wie **o**ffen
ō: lang wie **O**fen
ei: **nicht** wie das deutsche Ei, sondern eher ein langes e; Bsp.: *g**ei**sha*

shiin Mitlaute

stehen im Japanischen immer mit einem Selbstlaut, Ausnahme: **n**
ch: wie **tsch**üs
j: wie **J**ournalist
y: wie j, in **J**ojo
h: h vor a, e, o; vor i wie ch in **Tsch**ibo
hy: wie ch in Kü**ch**e
f: nur zusammen mit u; Aussprache: als ob man eine Kerze ausbläst und das mit relativ breiten, nicht angespannten Lippen (probieren Sie das mal, raten die Lektoren)
s: stimmlos wie wa**s**/Schlo**ss**, auch am Wortanfang; Bsp.: *sushi* (nicht wie Susi)
z: stimmhaftes s wie **s**ie/**S**u**s**i
sh: zwischen sch und ch, wie **sch** im Saarland und in der Pfalz; in Kombination mit i wie **sch**ick
r: zwischen **l** und **r** mit einem Zungenschlag (wer das nicht kann: lieber **l**)
g: am Anfang eines Wortes wie **g**ut, im Wort leicht nasal wie Entschuldi**g**ung
n: am Wortende leicht nasal, folgt b wie m, z. B. ***hanbāga***
w: nur vor a, Aussprache: wie das englische w in **w**ord
pp/tt/ss: leicht Zeit verzögert und mit Betonung auf dem ersten Mitlaut, Bsp.: *ju**p**.pun* (10 Minuten)

akusento Betonung

Wörter mit drei oder mehr Silben werden auf der **zweiten** Silbe betont. Sonst liegt der Akzent auf den Anhängseln *-wa, -ga, -ni, -o, -e* etc. Bei Fragen am Satzende – wie im Deutschen – die Stimme heben.

bunshō.no junban Satzstruktur

Reihenfolge: Satzthema – Zeit-/Ortsangaben/Ergänzungen – Prädikat.
Nebensätze und nähere Bestimmungen eines Wortes: **immer** vorangestellt (im Deutschen genau anders herum). Beispiel: Der Freund/die Freundin, der/die nach Japan geht: *Nihon.e* (nach Japan) *ik.u* (gehen) *tomodachi* (Freundin/Freund).

meishi Hauptwörter

Es gibt kein Geschlecht, keine Artikel, Einzahl, Mehrzahl (Ausnahme: **Menschen**, Mehrzahl = ***-tachi*** angehängt). Die einzelnen Fälle werden durch Anhängsel gekennzeichnet.

joshi Anhängsel

-wa: Satzthema, worum es im Satz geht; darauf bezieht sich die Aussage

-ga: Subjekt des Satzes; bestimmte Wörter benötigen dieses Anhängsel: *ar.u* (geben), *deki.ru* (können), *hoshi.i* (wünschen), *jōzu.desu* (gut beherrschen), *suki.desu* (mögen), *wakar.u* (verstehen)

-no: Wes-Fall; setzt Wörter in Beziehung, das letzte ist das entscheidende, das erste definiert es näher, Bsp.: *Tōkyō.**no** densha:* Züge von Tōkyō/Tōkyōter Züge

-o: Wen-Fall; kennzeichnet das Objekt des Satzes

-de: 1. Mittel, mit dem man etwas tut
2. Ort, an dem man etwas tut; Antwort auf *doko.**de**?* (wo?)

-e: bezeichnet den Ort, zu dem man/etwas sich bewegt, Antwort auf *doko.**e**?* (wohin?)

-ni: 1. Wem-Fall
2. Ortsbezeichnung: a) wohin man/etwas sich bewegt, b) wo man/etwas sich befindet
3. an Zeitangaben

-made: bis (Ziel)

-kara: von (Ausgangspunkt)

-to: 1. Person, mit der man etwas tut
2. hinter Zitat, dann Tätigkeitswörter wie *i.u* (sagen) oder *omo.u* (denken)
3. und, A.***to*** B (A **und** B)

-ka: 1. macht den Satz zur Frage (Fragezeichen gibt es nicht, wir setzen sie in der Umschrift zum leichteren Verständnis)
2. oder (zwischen Hauptwörtern), A.***ka*** B (A **oder** B)

-mo: auch, z. B. *watashi.**mo*** (ich **auch**)

-ya: und anderes (uneingeschränkte Aufzählung), *sushi.**ya** hanbāga.**ya** sandoichi* (Sushi, Hamburger, Sandwich **u. a.**)

-gurai: ungefähr (an Mengenangaben)

-ne: gell/nicht wahr/ne? (am Satzende, erwartet Zustimmung)

-yo: wohl/durchaus (am Satzende, Widerspruch)

-san: Herr/Frau (an Familien- oder Vornamen; höflich)

-jin: Einwohner eines Landes, *Doitsu.**jin**:* der/die Deutsche/Deutschen

-go: Sprache (an ein Land angehängt), *Doitsu.**go**:* die deutsche Sprache

jodōshi -da Anhängsel sein

Anhängsel an Hauptwörter oder Eigenschaftswörter:

-desu: sein, *Nihon.jin.**desu**:* ist ein Japaner; *hon.**desu**:* **ist** ein Buch

-da: Kurzform von *-desu;* nur in bestimmten Konstruktionen oder unter guten Freunden

-deshita:	war; Vergangenheitsform, *Nihon.jin.**deshita**:* **war** ein Japaner
-datta:	Kurzform von *-deshita;* nur in bestimmten Konstruktionen oder unter guten Freunden
-deshō:	ist wohl/wird wohl sein/Vermutung: *Nihon.jin.**deshō**:* **ist** wohl ein Japaner

kazu Zahlen

1	*ichi*	**6**	*roku*	**11**	*jū ichi*	**22**	*ni jū ni*
2	*ni*	**7**	*nana/shichi*	**12**	*jū ni*	**30**	*san jū*
3	*san*	**8**	*hachi*	**13**	*jū san*	**33**	*san jū san*
4	*yon/shi**	**9**	*kyū*	**20**	*ni jū*	**46**	*yon jū roku*
5	*go*	**10**	*jū*	**21**	*ni jū ichi*	**97**	*kyū jū nana*

*selten – *shi* bedeutet Tod

11-19, 21-29 etc.: an die Zehner die Einer dranhängen
20, 30 ... 90: vor zehn die jeweilige Einerzahl

Hunderter: ***-hyaku*** anhängen:		Tausender: ***-sen*** anhängen:	
100	*hyaku*	**1.000**	*sen* **oder** ***is.sen*** *(ichi + sen)*
200	*ni.hyaku*	**2.000**	*ni.sen*
300	*san.**b**yaku*	**3.000**	*san.**zen***
400	*yon.hyaku*	**4.000**	*yon.sen*
500	*go.hyaku*	**5.000**	*go.sen*
600	*ro**p.p**yaku*	**6.000**	*roku.sen*
700	*nana.hyaku*	**7.000**	*nana.sen*
800	*ha**p.p**yaku*	**8.000**	*ha**s.s**en*
900	*kyū.hyaku*	**9.000**	*kyū.sen*

Zehntausender: ***-man*** anhängen:		100 Mio. und mehr: ***-oku*** anhängen:	
10.000	*ichi.man*	**100.000.000**	*ichi.oku*
20.000	*ni.man*	**200.000.000**	*ni.oku*
30.000	*san.man*	**300.000.000**	*san.oku*

sōshi Zahlanhängsel

Keine Zahl ohne ihr Anhängsel, das anzeigt, was gerade gezählt wird. Dabei gibt es Verschmelzungen, die wir besonders angeben; ansonsten funktionieren sie regelmäßig (Zahl + Anhängsel):

-en:	Yen
-doru:	Dollar
-yūro:	Euro
-ban:	Nummer
-ban.me:	macht aus der Grundzahl eine Ordnungszahl. *ichi* = 1, *ichi.ban.me* = 1.
-mai:	Blätter
-hon:	lange dünne Gegenstände: 1: ***ip.pon***, 3: *san.**bon***, 6: *ro**p.pon***, 8: *ha**p.pon***, 10: *ju**p.pon***
-kai:	Stockwerke, wobei das deutsche Erdgeschoss in Japan Nr. 1 ist: ***ik.kai*** = Erdgeschoss; *ro**k.kai*** = 7. Stock
-do:	Grad (Temperatur)
-sai:	Alter: ***is.sai**:* 1 Jahr alt, *ha**s.sai**:* 8 Jahre alt, ***jus.sai**:* 10 Jahre alt
-haku:	Übernachtungen: 1 Nacht: ***ip.paku***, 3 Nächte: *san.**paku***, 4 Nächte: *yon.**paku***, 6 Nächte: *ro**p.paku***, 8 Nächte: *ha**p.paku***, 10 Nächte: ***jup.paku***

-fun: Minuten: ***ip.**pun* = 1 min, *san.**pun*** = 3 min, *yon.**pun*** = 4 min, *ro**p.pun*** = 6 min, *ha**p.pun*** = 8 min, *j**up.pun*** = 10 min etc.

-ji: Uhrzeiten: ***yo**.ji* = 4 Uhr, ***shichi**.ji* = 7 Uhr, ***ku**.ji* = 9 Uhr: gezählt wird nur bis 12 Uhr, 13–24 Uhr gibt es nicht. Unterscheidungsmerkmal: *asa:* Morgen, *gozen:* Vormittag, *gogo:* Nachmittag, *yoru:* Abend/Nacht

-nen: Jahreszahlen: neben der westlichen Jahreszählung gibt es die nach Kaiserjahren: 1868–1912 *Meiji,* 1912–1926 *Taishō,* 1926–1989 *Shōwa,* 1989–2019 *Heisei, seit 2019 Reiwa,* Inthronisierung des Kaisers = Jahr 1. 2019 = Jahr eins von *Reiwa* = *Reiwa gan.nen*

-gatsu: bezeichnet die Monate. April = ***shi**.gatsu;* Juli = ***shichi**.gatsu,* September = ***ku**.gatsu*

-shū.kan: ... Wochen lang

-nichi: ein Tag; 19 Tage/der 19.: *jū **ku**.nichi*

Ganz anders dagegen: 1.–10., 20. und 14., 24., 34. etc.

2 Tage/der 2.:	*futsu.ka*	9 Tage/der 9.:	*kokono.ka*
3 Tage/der 3.:	*mik.ka*	10 Tage/der 10.:	*tō.ka*
4 Tage/der 4.:	*yok.ka*	14 Tage/der 14.:	*jū yok.ka*
5 Tage/der 5.:	*itsu.ka*	20 Tage/der 20.:	*hatsu.ka*
6 Tage/der 6.:	*mui.ka*	24 Tage/der 24.:	*ni jū yok.ka*
7 Tage/der 7.:	*nano.ka*	34 Tage/der 34.:	*san jū yok.ka*
8 Tage/der 8.:	*yō.ka*		

-tsu: Stück, kann man immer benutzen, wenn man kein anderes Zählanhängsel weiß:

1 Stück:	*hito.tsu*	6 Stück:	*mut.tsu*
2 Stück:	*futa.tsu*	7 Stück:	*nana.tsu*
3 Stück:	*mit.tsu*	8 Stück:	*yat.tsu*
4 Stück:	*yot.tsu*	9 Stück:	*kokono.tsu*
5 Stück:	*itsu.tsu*	10 Stück:	*tō*

ninshō-daimeishi Persönliches Fürwort

Persönliche Fürwörter werden meist weggelassen – um wen es geht, wird aus dem Zusammenhang klar. Grammatikalisch verhalten sich persönliche Fürwörter wie Hauptwörter.

ich	*watashi* oder *ore/boku* (nur für Männer)
du	*anata*
er	*kare*
sie	*kanojo*
wir	*watashi.tachi*
ihr	*anata.tachi*
sie	*kare.ra* (bei mindestens einem Mann)
sie	*kanojo.tachi/kanajo.ra* (nur Frauen)

Um **besitzanzeigende Fürwörter (mein/dein/sein ...)** zu bilden, werden *watashi, anata, kare* etc. vor das Bezugswort gestellt und mit ***-no*** verbunden:

mein Auto = ***watashi.no*** *kuruma*

deine Wohnung = ***anata.no*** *apāto*

Solche Konstruktionen werden nur dann benutzt, wenn der Besitzer betont werden soll. Normalerweise werden sie weggelassen, aus dem Zusammenhang schließt man, um wen es geht.

gimonshi Fragewörter

Werden wie Hauptwörter behandelt und stehen mit den entsprechenden Anhängseln:

wer?	*dare?*
wo?	*doko?*
wie?	*dō?*
was?	*nani?*
warum?	*naze?/dōshite?*
wann?	*itsu?*
wie lange etwa?	*dono.gurai?*
wie viel?	*nan(.ji/do/kai/pun ...)?* (Uhr/Grad/Stockwerke/Minuten etc.)
wie viel?	*ikura?* (nur Geld)

1. + ***-demo:* ... auch immer**; ***dare.demo*** = **wer** auch immer = **jeder/alle, *doko.demo*** = **wo** auch immer = **überall**, ***nan.demo*** = **wie** auch immer/egal wie
2. + ***-mo*** und Verneinung: niemand (***dare.mo*** *i.na.i.desu*: **niemand** ist da), nichts (***nani.mo*** *na.i.desu:* es gibt **nichts**), aber: nirgends = ***doko.ni.mo***
3. + ***-ka:* irgend...**; *dare.ka* = irgendwer/jemand, *doko.ka* = irgendwo, *itsu.ka* = irgendwann

keiyōshi/keiyōdōshi Eigenschaftswörter

Gruppe 1

auf ***-i***, z. B. *naga.i* (lang), *i.i/yo.i* (gut)

Kombination mit Hauptwort

Das Eigenschaftswort bleibt in seiner **Wörterbuchform auf *-i***, z. B. *naga.i densha* (ein langer Zug), *i.i hon* (ein gutes Buch)

Am Satzende als Prädikat:

-desu wird angehängt: *densha.wa naga.i.**desu*** (der Zug ist lang)

Vergangenheit:

Statt ***-i*** steht ***-katta.desu:*** *densha.wa naga.**katta.desu*** (der Zug war lang)

Verneinung:

Statt ***-i*** steht ***-ku ari.masen*** oder ***-ku na.i.desu.*** Dabei ist *-na.i* selbst ein Eigenschaftswort der Gruppe 1; Beispiel: *densha.wa naga.**ku ari.masen/na.i.desu*** (der Zug ist nicht lang)

Verneinung in der Vergangenheit:

Statt ***-i*** steht ***-ku na.katta.desu:*** *densha.wa naga.**ku na.katta.desu*** (der Zug war nicht lang)

Bildung eines Umstandswortes:

Statt ***-i*** steht ***-ku:*** *densha.wa naga.**ku** nari.mashita* (der Zug ist lang geworden)

auch wenn ...:

Statt ***-i*** steht ***-kute.mo****:* *densha.wa naga.**kute.mo, ...*** (auch wenn der Zug lang ist, ...)

gut

i.i/yo.i* (gut)**: *yo.i* (gut) wird bei der Verneinung und der Vergangenheit benutzt: *hon.wa **yo.katta.desu (das Buch war gut); *hon.wa **yo.ku** ari.masen/na.i.desu* (das Buch ist nicht gut); *hon.wa **yo.ku** na.katta.desu* (das Buch war nicht gut); *hon.wa **yo.ku** nari.mashita* (das Buch ist gut geworden); *hon.wa **yo.kute.mo, ...*** (auch wenn das Buch gut ist, ...)

Gruppe 2
Eigenschaftswörter, die mit ***-na*** beim Hauptwort stehen, z. B. *kirei.**na** apāto* (eine schöne Wohnung), *benri.**na** kuruma* (ein praktisches Auto). Ansonsten verhalten sie sich wie Hauptwörter:

Am Satzende:
-desu wird angehängt, z. B. *apāto.wa kirei.**desu*** (die Wohnung ist schön)
Vergangenheit:
-deshita wird angehängt, z. B. *apāto.wa kirei.**deshita*** (die Wohnung war schön)
Verneinung:
-dewa ari.masen oder ***-dewa na.i.desu*** wird angehängt, z. B. *apāto.wa kirei.**dewa ari.masen/ na.i.desu*** (die Wohnung ist nicht schön)
Verneinung in der Vergangenheit:
-dewa na.katta.desu wird angehängt, z. B. *apāto.wa kirei.**dewa na.katta.desu*** (die Wohnung war nicht schön)
Bildung eines Umstandswortes:
-ni wird angehängt, z. B. *apāto.wa kirei.**ni** nari.mashita* (die Wohnung ist schön geworden)
auch wenn ... :
-de.mo wird angehängt, z. B. *apāto.wa kirei.**de.mo, ...*** (auch wenn die Wohnung schön ist, ...)

keiyōshi/keiyōdōshi Eigenschafts-/Tätigkeitswörter

Einige Eigenschaftswörter sind im Deutschen Tätigkeitswörter:
hoshi.i.desu: wünschen
suki.desu: mögen
ita.i.desu: wehtun

hikaku Steigerung

einfache Steigerung
Eigenschaftswörter beider Gruppen werden mit ***motto*** (= **mehr**) gesteigert, z. B.: ***motto*** *naga.i* (mehr lang = länger), ***motto*** *kirei* (mehr schön = schöner).

Alternative einfache Steigerung
An das Hauptwort wird ***-no hō.ga*** **+ Eigenschaftswort** angehängt, z. B. *A.**no.hō.ga i.i.desu*** (A ist **besser**), *apāto.**no hō.ga benri.desu*** (Eine Wohnung ist **praktischer**).

Vergleich
Das Eigenschaftswort bleibt unverändert; es werden die Anhängsel ***-wa*** und ***-yori*** benutzt; mit ***-yori*** steht, was schlechter abschneidet: *A.**wa** B.**yori** naga.i.desu* (A ist länger als B), *apāto.**wa** heya.**yori** benri.desu* (eine Wohnung ist praktischer als ein Zimmer).

Nummer eins
Was **am besten** ist, steht mit ***ichi.ban*** (Nummer eins): *A.wa **ichi.ban** naga.i.desu* (A ist am längsten), *kono kuruma.wa **ichi.ban** kirei.desu* (dieses Auto ist am schönsten).

dōshi Tätigkeitswörter

Tätigkeitswörter werden nicht konjugiert, d.h. es gibt keine Personalendung. Es gibt nur eine Form der Vergangenheit, und die Gegenwart hat gleichzeitig die Funktion der Zukunft. Im Wörterbuch finden wir sie in ihrer einfachsten Form (= **Wörterbuchform**).

Es gibt insgesamt drei Gruppen: 1. auf ***-u,*** 2. auf ***-ru***, 3. auf ***-uru***. Man muss die Gruppenzugehörigkeit leider mitlernen. In der gesprochenen Sprache findet man diese Form normalerweise nicht, weil sie zu unhöflich ist. Es gibt allerdings bestimmte Konstruktionen, für die man die Wörterbuchform braucht:

1. + ***koto.ga deki.ru*** **= können** (*Nihon.go.o hanas.**u koto.ga deki.masu**:* Ich kann Japanisch sprechen.)
2. + ***tsumori.desu*** **= vorhaben etwas zu tun** (*Nihon.ni ik.**u tsumori.desu**:* Ich habe vor, nach Japan zu fahren.)
3. + **Hauptwort: nähere Bestimmung** eines Hauptwortes/**Nebensatzkonstruktion** (*Nihon.ni a.**u tomodachi*** = ein Freund oder eine Freundin, den/die ich in Japan treffe/treffen werde.)
4. + ***-to*** **= wenn** (Wenn ich A tue, passiert B automatisch.) (*Nihon.ni ik.**u.to**, anata.to ai.masu:* Wenn ich nach Japan fahre/fahren sollte, treffe ich mich mit dir.)
5. + ***toki.ni*** (Zeit) = **wenn** (zu dem Zeitpunkt/in der Zeit) (*Nihon.ni i.**ru toki.ni**, anata.to ai.ta.i.desu:* Wenn ich in Japan bin/in der Zeit, in der ich in Japan bin, möchte ich mich mit dir treffen.)
6. + ***mae.ni*** **= bevor** (*Nihon.ni ik.**u mae.ni**, Nihon.go.o benkyō shi.masu:* Bevor ich nach Japan fahre, lerne ich Japanisch.)
7. + ***-node*** **= weil** (*Nihon.ni ik.**u.node**, Nihon.go.o benkyō shi.masu:* Weil ich nach Japan fahre, lerne ich Japanisch.)

In der gesprochenen Sprache wird *-u/-ru/-uru* für **Gegenwart oder Zukunft** statt ***-masu***, für die **Vergangenheit *-mashita***, für die **Verneinung *-masen*** angehängt. ***-mashō*** beinhaltet eine **Aufforderung (Lasst uns/lass uns ...)** und ***-ta.i*** **einen Wunsch** (ich will ...).

1. -ru-Gruppe
Stamm endet auf ***-i*** oder ***-e***

		sein/bleiben	essen
Wörterbuch	***-ru***	*i.**ru***	*tabe.**ru***
höflich	***-masu***	*i.masu*	*tabe.masu*
Vergangenheit	***-mashita***	*i.mashita*	*tabe.mashita*
Verneinung	***-masen***	*i.masen*	*tabe.masen*
Aufforderung	***-mashō***	*i.mashō*	*tabe.mashō*
Wunsch	***-ta.i***	*i.ta.i*	*tabe.ta.i*

2. -u-Gruppe
Stamm endet auf Selbstlaut + ***-u*** oder Mitlaut + ***-u***

		sagen	es gibt/haben
Wörterbuch	***-u***	*i.u*	*ar.u*
höflich	***-i.masu***	*ii.masu*	*ari.masu*
Vergangenheit	***-i.mashita***	*ii.mashita*	*ari.mashita*
Verneinung	***-i.masen***	*ii.masen*	*ari.masen*
Aufforderung	***-i.mashō***	*ii.mashō*	*ari.mashō*
Wunsch	***-i.ta.i***	*ii.ta.i*	*ari.ta.i*

3. -uru-Gruppe
k.uru **(kommen)** und ***s.uru*** **(tun/machen)** – beide unregelmäßig

		kommen	tun/machen
Wörterbuch	***-uru***	*k.uru*	*s.uru*
höflich	***-i.masu***	*ki.masu*	*shi.masu*
Vergangenheit	***-i.mashita***	*ki.mashita*	*shi.mashita*
Verneinung	***-i.masen***	*ki.masen*	*shi.masen*
Aufforderung	***-i.mashō***	*ki.mashō*	*shi.mashō*
Wunsch	***-i.ta.i***	*ki.ta.i*	*shi.ta.i*

dōshi.to hitei Tätigkeitswörter und Verneinung

Neben der Form *-masen* gibt es eine Kurzform:

1. -ru-Gruppe:

-ru	→ ***-na.i***	
*tabe.**ru***	→ *tabe.**na.i***	nicht essen

2. -u-Gruppe:

-u	→ ***-ana.i***	
*shir.**u***	→ *shir.**ana.i***	nicht wissen

Achtung! Bei einem Selbstlaut vor dem *-u* wird ***-w.ana.i*** anhängen!

-o.u/-i.u/-a.u	→ ***-w.ana.i***	
*om**o**.u*	→ *omo**w.ana.i***	nicht glauben
***i**.u*	→ *i**w.ana.i***	nicht sagen
***a**.u*	→ *a**w.ana.i***	nicht treffen

3. -uru-Gruppe

-uru	→ unregelmäßig	
s.uru	→ ***shi.na.i***	nicht machen
k.uru	→ ***ko.na.i***	nicht kommen

Durch das Anhängsel *-na.i* entsteht ein Eigenschaftswort. Darüber wird die Kurzform der Vergangenheit gebildet:

*tabe.na.**i*** → *tabe.na.**katta***	nicht gegessen haben
*shir.ana.**i*** → *shir.ana.**katta***	nicht gewusst haben
*ko.na.**i*** → *ko.na.**katta***	nicht gekommen sein

-nai.de kudasai! bitte nicht!

Tätigkeitswort + Verneinung *-na.i* + *-de kudasai!* Beispiel: *wasure.**na.i.de kudasai**:* Vergessen Sie bitte **nicht**!

-na.kereba nari.masen müssen

Die Konstruktion ***-ana.kereba nari.masen*** wird angehängt. Dafür bilden Sie zuerst die einfache Verneinung, indem Sie – wie beschrieben – *-a.na.i* anhängen. Dann streichen Sie *-i* und hängen ***-kereba nari.masen*** an:

kak.u → *kak**a.na.i*** → *kak**a.na.kereba nari.masen**:* schreiben **müssen**

-te/-ta/-tara.no katachi -te/-ta/tara-Form

Mögliche Konstruktionen sind:

1. ***-te*-Form + *i.masu:*** etwas ist noch nicht abgeschlossen bzw. noch **im Gange**.
*Daigaku.de benkyō shi.**te i.masu*** (Ich studiere an der Universität).
2. ***-te*-Form + *kudasai!*: Aufforderung/Befehlsform/Bitte.** Unter guten Freunden oder in der Familie kann man *kudasai* auch weglassen.
*Koko.ni ki.**te kudasai**!* (Komm bitte hier her! *Mat.**te**!:* Warte!)

3. **und:** als Verbindung zwischen zwei Sätzen.
*Nihon.ni it.**te**, Nihon.go.o hanashi.masu.* (Ich gehe nach Japan **und** rede Japanisch.)
4. **-te-Form + *shima.u:*** drückt **Bedauern** aus oder dass etwas **endgültig/vollendet** ist.
*Doitsu.ni kaet.**te shimai.masu**.* (Ich kehre endgültig/leider nach Deutschland zurück.)
5. ***-te.mo i.i.desu:* dürfen**; wörtlich: auch wenn ich ... tue, ist es gut = ich darf ....
*Doitsu.go.o hanashi.**te.mo i.i.desu**.* (Du darfst – auch – Deutsch sprechen.)

Genauso: **einfache Vergangenheitsform** auf ***-ta*** und die Form ***-tara*** (wenn ich ... bin/habe)

Die **einfache Vergangenheit** benötigt man für die Konstruktion:
1. ***-ta koto.ga ari.masu*** = **schon mal etwas getan haben**
*Nihon.ni i.**ta koto.ga ari.masu**:* ich war schon mal in Japan
2. ***-ta koto.ga ari.masen*** = **noch nie etwas getan haben**
*Nihon.ni it.**ta koto.ga ari.masen**:* ich bin noch nie nach Japan gefahren
3. ***-ta hō.ga i.i.desu*** = **du solltest besser/man sollte besser/Sie sollten besser ...**
*Nihon.go.o benkyō shi.**ta hō.ga i.i.desu**:* du solltest besser Japanisch lernen

1. -ru-Gruppe:

	Wörterbuch	***-te*-Form**	**Vergangenheit**	**wenn**
können	*deki.**ru***	*deki.**te***	*deki.**ta***	*deki.**tara***
essen	*tabe.**ru***	*tabe.**te***	*tabe.**ta***	*tabe.**tara***

2. -u-Gruppe

	Stamm auf	***-te*-Form**	**Vergangenheit**	**wenn**
	-s	***-shi.te***	***-shi.ta***	***-shi.tara***
suchen	*saga**s**.u*	*sagashi.**te***	*sagashi.**ta***	*sagashi.**tara***
	-r	***-t.te***	***-t.ta***	***-t.tara***
verkaufen	*u**r**.u*	*u**t.te***	*u**t.ta***	*u**t.tara***
	-a/-i/-o	***-t.te***	***-t.ta***	***-t.tara***
kaufen	*k**a**.u*	*ka**t.te***	*ka**t.ta***	*ka**t.tara***
sagen	***i**.u*	*i**t.te***	*i**t.ta***	*i**t.tara***
denken	*om**o**.u*	*omo**t.te***	*omo**t.ta***	*omo**t.tara***
	-m	***-n.de***	***-n.da***	***-n.dara***
trinken	*no**m**.u*	*no**n.de***	*no**n.da***	*no**n.dara***
	-k	***-i.te***	***i.ta***	***i.tara***
sich bewegen	*ugo**k**.u*	*ugo**i.te***	*ugo**i.ta***	*ugo**i.tara***
	-g	***-i.de***	***i.da***	***i.dara***
schwimmen	*oyo**g**.u*	*oyo**i.de***	*oyo**i.da***	*oyo**i.dara***

unregelmäßig:

gehen/fahren	***ik.u***	*i**t.te***	*i**t.ta***	*i**t.tara***

3. -uru-Gruppe

	Wörterbuch	***-te*-Form**	**Vergangenheit**	**wenn**
kommen	*k.**uru***	*ki.**te***	*ki.**ta***	*ki.**tara***
tun/machen	*s.**uru***	*shi.**ta***	*shi.**te***	*shi.**tara***

judōtai/moshi.no jōken Passiv – Bedingung/wenn – falls

Die Funktion ist bei dieser Form nicht nur Passiv, sondern beinhaltet, dass jemand unter dem Getanen leidet. An das Tätigkeitswörter wird ***-rare.ru*** angefügt bzw. ***-u*** wird einfach gestrichen und durch ***-arer.ru*** ersetzen.

Genauso werden Bedingungssätze gebildet, indem nämlich ***-reba/-eba/-ureba*** angehängt werden. ***Deki.reba**, sō shi.ta.i.desu:* **Wenn/falls ich kann**, möchte ich es so machen. Die Konstruktion mit ***-reba/-eba/-ureba*** bezeichnet eine **allgemein gültige Regel**.

1. -ru-Gruppe:

		erbauen
Wörterbuch	***-ru***	*tate.**ru***
Passiv	***-rare.ru***	*tate.**rare.ru***
Bedingung	***-reba***	*tate.**reba***

2. -u-Gruppe:

		lesen
Wörterbuch	***-u***	*yom.**u***
Passiv	***-are.ru***	*yom.**are.ru***
Bedingung	***-eba***	*yom.**eba***

Achtung beim Stamm auf ***-a, -i, -o**!*

		sagen
Wörterbuch	***-i.u/-a.u/-o.u***	***i**.u*
Passiv	***-w.are.ru***	***iw.are.ru***
Bedingung	***-eba***	*i.**eba***

3. -uru-Gruppe:

	kommen	tun/machen
Wörterbuch	*k.**uru***	*s.**uru***
Passiv	*k**o.rare.ru***	*s**a.re.ru***
Bedingung	*k.**ureba***	*s.**ureba***

Bei Gruppe 1 und dem Tätigkeitswort *k.uru* (kommen) wird das Passiv gleichzeitig in der Bedeutung **können** benutzt! Statt s.uru (tun/machen) wird immer ***deki.ru*** benutzt. Gruppe 2 bildet für **können** die folgende Ausnahme:

-e.ru können
-u-Gruppe: statt ***-u*** wird ***-e.ru*** angehängt
Was man kann, steht mit ***-ga:** Nihon.go.**ga** hanas.**e.ru**:* **Japanisch** sprechen **können**.
a.u: treffen → *a.**e.ru**:* treffen können.

Das Endprodukt funktioniert wie ein Tätigkeitswort der *-ru*-Gruppe.
a.e.ru → *a.e.**masu*** etc.

Wörter W

ā! ah! 69
adoresu (E-Mail-)Adresse 131
agar.u/agari.masu hinauffahren 79
age.ru/age.masu geben 131
aidea Idee 101
ai.te i.ru/i.masu passen 87
aji Geschmack 127
aka.i rot 81
ama.i süß 127
Amerika Amerika 9
Amerika.jin Amerikaner/Amerikanerin 9
anata du/Sie 63
anata.tachi ihr/Sie 133
ao.i blau 81
apāto Apartment, Wohnung 15
ara.u/arai.masu waschen 95
are! huch! 105
arerugī Allergie 52
arigatō Danke, **arigatō gozai.masu** vielen Dank 43
ar.u/ari.masu es gibt, man hat 21
arubaito Nebenjob 23
arubaito.o s.uru jobben 23
asa der Morgen 49
asatte übermorgen 125
ashi Fuß/Bein 52
ashita morgen 47
asō.desu.ka? ach so ist das?! 49
asoko dort drüben 73
atama Kopf 53
atsu.i heiß 95
a.u/ai.masu treffen 67
baiten Kiosk/Stand 101
baito (= arubaito) Nebenjob 25
bango Nummer 107
basu Bus 99
basutei Bushaltestelle 99
batsu Kreuz 117
benkyō s.uru shi.masu studieren 21
benri.na bequem, praktisch 15
Berurin Berlin 12
bijinesu-hoteru Business Hotels 45
bikkuri s.uru/shi.masu sich erschrecken 35
bīru Bier 27
boku ich (sagt der Mann) 131
boruto Volt 79
bōsai.no hi Anti-Katastrophen-Tag 39
botan Knopf, Taste 63
botoru Flasche 37
byōin Krankenhaus, Praxis 52
byōki Krankheit 52
chanto ordentlich/richtig 105
chiga.u/chigai.masu das ist verkehrt/anders/verhält sich anders 49
chiisa.i klein 127
chika.i nahe 89
chikaku Nähe 105
chikatetsu U-Bahn 73
chizu Karte 61
chotto ein bisschen (umgangssprachlich) 61
chotto.ne ... ein bisschen, naja ... 66
chūgakkō Mittelschule 25
Chūgoku.go Chinesisch 107
chūmon Bestellung 27
chūmon s.uru shi.masu Bestellung aufgeben, bestellen 27
dai- sehr (vorangestellt) 17
daigaku Universität 21
daijōbu.desu es ist in Ordnung 35
daimyō Fürst 71
dakara also 73**,** deshalb 93
dame! geht nicht!/verboten! 117
dare? wer? 113
deguchi Ausgang 73
deki.ru/deki.masu können 41
demo aber 15
densha Zug 46
denwa Telefon 107
denwa-bango Telefonnummer 107
depāto Kaufhaus 129
de.ru/de.masu hinausgehen 73
de.te k.uru/ki.masu auftauchen 113
dewa also 115
do.yōbi Samstag 67
dō? wie? 17
dochira.made? bis wohin? 89
dōitashimashite gern geschehen 63
Doitsu Deutschland 9
Doitsu.go Deutsch 107
Doitsu.jin Deutscher/Deutsche 9
doko? wo? 35
doko.ka irgendwo 35
dōmo arigatō danke schön 15
dono.gurai? wie lange etwa? 11
dore.ka irgendwas 121
-doru Dollar 115
dōshite? warum? 79
dōzo bitte 9
ē ja 89
ē? hä? 37
eakon Klimaanlage 52
Ebisu U-Bahnstation in Tōkyō 73
edamame salzig eingelegte grüne Sojabohnen 26
ei.go Englisch 107
eki Bahnhof 14
ema Wunschtafeln 103
-en Yen 43
enshō Entzündung 52
erebētā Aufzug 79
eto, nē, chotto also, na ja, ein bisschen = nein 36
fuirumu Film 101
Fuji.san Berg Fuji 51
fujinkai Gynäkologe 57
fuku Kleider 93
funa.bin Schiffspost 121
-furan Franken 115
Furansu Frankreich 12, 18
Furansu.go Französisch 107
furusato Heimat 86
futa.tsu zwei Stück 127
futsū gewöhnlich/normal/üblich 79
futsu.ka zwei Tage/der 2. 119
gaijin (= gaikoku.jin) 66
gaikoku Ausland 79
gaikoku.jin Ausländer 66
gakusei Student 23
gan Krebs 52
ganbat.te kudasai viel Erfolg 7
gengo Sprache 107
genkan Fläche zwischen Eingangstür und Flur 19
genki Gesundheit 11
genki.de alles Gute! 131
genki.desu.ka? bist du gesund?/geht es dir gut? 11
genkin Bargeld 115
geri Durchfall 52
getsu.yōbi Montag 67
ginkō Bank 113
Ginza Tōkyōter Einkaufstraße und Bahnhof 73
go fünf 21
go.ban.me fünfte, -r 99
gochisōsama.deshita! es war sehr schmackhaft! 17

kata-michi einfache Fahrt 47
ka.yōbi Dienstag 67
kazan Vulkan 34
kaze Erkältung 55
kedo aber 105
kega Verletzung 52
keigo Höflichkeitssprache 20
keisatsu Polizei 104
keizai.gaku Wirtschaftswissenschaft 21
kekkō.desu es ist genug 63
ki.o tsuke.ru/tsuke.masu aufpassen 95
ki.o tsuke.te kudasai! Pass auf dich auf! 133
kik.u/kiki.masu fragen 105
kin.yōbi Freitag 67
kin'en Nichtraucher 49
Kinkaku.ji der Goldene Tempel 99
kippu Fahrkarte 47
kirei.na hübsch, schön 15
kiri das Schneiden 71
kissaten Café 37
kitsuen Raucher 46
kitte Briefmarke 119
kōban Polizeihäuschen 105
kōcha schwarzer Tee 124
kochira hier 67
kochira koso ganz meinerseits 9
kodama Echo 51
koko hier 47
kokono.ka neun Tage/der 9. Tag 119
kokono.tsu neun Stück 127
kōkū.bin Luftpost 121
komar.u/komari.masu in Schwierigkeiten geraten 105
Konbanwa! guten Abend! 47
konbini 24-Stunden-Laden 23
kondo diesmal 67
Konnichiwa! Guten Tag! 9
kono dieser/diese/dieses 55
konshū diese Woche 69
kore dies/das 55
kossetsu Bruch 52
koto Sache (nicht-gegenständlich – für uns schwer vorstellbar) 47
kōtō-gakkō Oberschule 25
ku.gatsu September 41
ku.ji 9 Uhr 49
kudasai bitte 61
kurejitto-kādo Kreditkarte 89
kurisumasu-kēki Christmas cake = Weihnachtskuchen 14
k.uru/ki.masu kommen 29
kusuri Medizin 55
kusuri.ya Apotheke 52
kutsu Schuhe 93
kuyakusho Bezirksamt 112
kyanseru.o s.uru/shi.masu absagen/annullieren 53
kyō heute 17
kyō.no heutige 17
Kyōto Kyōto 18
kyū neun 21
kyūkō Schnellzug/Regionalexpress 46
Kyūshū Name der großen südlichen Insel 5, 51
mada noch 133
mado-gawa Fensterseite 87
mado-guchi Schalter 115
mae vor 67, vorn 87
manga Comic 65, 105
maru Kreis 117
mata wieder 133
mats.u/machi.masu warten 95
me Auge 52
meido kafē Maid Café, Dienstmädchen Café 13
meishi Visitenkarte 20
menzei steuerfreier Einkauf 81
michi Weg 99
midori.no mado-guchi grüner Schalter 46
migi rechts 73
mijika.i kurz 133
mik.ka drei Tage/der 3. 119
mimi Ohr 52
minshuku Pension 45
mi.ru/mi.masu ansehen 101
miruku Milch 63
mise.ru/mise.masu zeigen 115
mitsukar.u/mitsukari.masu finden 105
mitsuke.ru/mitsuke.masu finden 113
mit.tsu drei Stück 127
mizu Wasser 70
mō schon 29
mochiron selbstverständlich, natürlich 69, 81
mōchō Blinddarm 52
moku.yōbi Donnerstag 67
mono Sache/Gegenstand 79
mora.u/morai.masu bekommen 131
moshi, moshi hallo (Telefon) 43
motto mehr 125
motto naga.i länger 125
mugicha Gerstentee 124
mui.ka sechs Tage/der 6. 119
mukai gegenüber 61
mune Brust 52
muri.na unmöglich 53
mut.tsu sechs Stück 127
naga.i lange 125
nagas.u/nagashi.masu entfernen 95
naikai Internist 57
naka das Innere 15
nakus.u/nakushi.masu verlieren 107
namae Name 9
nan- wie? 9
nana sieben 21
nana.tsu sieben Stück 127
nan.ban.me? Nummer wie viel? 99
nan.demo alles 23
nan.desu.ka? wie ist ... ? 9
nan.do? wie viel Grad? 55
nan.haku? wie viele Übernachtungen? 41
nani? was? 21
nan.ji? um wie viel Uhr? 49
nan.nichi? wie viele Tage? 119
nano.ka sieben Tage/der 7. Tag 119
nan.sai? wie alt? 21
nar.u/nari.masu werden 121
naruhodo wirklich/tatsächlich 79
naze? warum? 23
negai Bitte 29
nengajō Neujahrsgrußkarten 129
nengō Tennō-Ära 98
netsu Fieber 53
ni zwei 21
ni jū yok.ka 24 Tage/der 24. Tag 119
-nichi Tag 41
nichi.yōbi Sonntag 67
ni.haku zwei Übernachtungen 41
Nihon Japan 5, 11
Nihon.go Japanisch 107
Nihon.jin Japaner 63
Nihonkai Japanisches Meer 135
ni.hyaku zweihundert 61
ni.ji 2 Uhr 49
ni.man 20.000 43
nimotsu Gepäck 87
Nippon Japan 12
niwa Garten 101
nodo Hals 52
nomi-mono Getränk 29
nom.u/nomi.masu trinken 27
nori-kae das Umsteigen 73
nozomi Wunsch/Hoffnung 51
nug.u/nugi.masu ausziehen 93
nyūgaku-shiken Aufnahmeprüfung an Schulen/Universitäten 25
o.cha grüner Tee 125
O.daiji.ni! Gute Besserung! 55
ōeru (= OL = office lady) Büroangestellte 65

Quellenverzeichnis

Cover, Rücktitel: © Getty Images/E+/Masafumi_Nakanishi

Fotos:
S. 4: © Getty Images/iStock/cengizkarakus
S. 5: © Getty Images/iStock/ablokhin
S. 8: © Getty Images/E+/damircudic
S. 13: © Getty Images/E+/visualspace
S. 14: © Getty Images/E+/JGalione
S. 19: © Getty Images/E+/ferrantraite
S. 20: © Getty Images/iStock/kiattisakch
S. 25: © Getty Images/iStock/bo1982
S. 26: © Getty Images/E+/recep-bg
S. 31: © Getty Images/iStock/ahirao_photo
S. 34: © Getty Images/iStock/maroke
S. 39: © Getty Images/iStock/MasaoTaira
S. 40: © Getty Images/iStock/Sean Pavone
S. 45: © Getty Images/E+/joka2000
S. 46: © Getty Images/E+/xavierarnau
S. 51: © Getty Images/iStock/mantaphoto
S. 52: © Getty Images/E+/kumikomini
S. 57: © Getty Images/iStock/Prompilove
S. 60: © Getty Images/iStock/maroke
S. 65: © Getty Images/iStock/georgeclerk
S. 66: © Getty Images/E+/eli_asenova
S. 71: © Shutterstock.com/Punk Man
S. 72: © Getty Images/E+/georgeclerk
S. 73: © Getty Images/E+/RichLegg
S. 78: © Getty Images/iStock/peeterv
S. 83: © Getty Images/iStock/Hiromi Kudo
S. 86: © Getty Images/iStock/Sean Pavone
S. 91: © Getty Images/E+/burdem
S. 92: © Getty Images/iStock/Sean Pavone
S. 97: © Shutterstock.com/ Burin P
S. 98: © Shutterstock.com/marcociannarel
S. 103: © Getty Images/E+/JGalione
S. 104: © Getty Images/iStock/thavornc
S. 109: © Getty Images/iStock/Askar Karimullin
S. 112: © Getty Images/iStock/Panuwat Dangsungnoen
S. 117: © Getty Images/iStock/yamasan
S. 118: © Getty Images/iStock/KEN226
S. 123: © Getty Images/E+/visualspace
S. 124: © Getty Images/iStock/yuhorakushin
S. 129: © Getty Images/iStock/Chiemi Kumitani
S. 130: © Getty Images/iStock/homra
S. 135: © Getty Images/E+/Satoshi-K

Bildredaktion: Cornelia Hellenschmidt, Hueber Verlag, München

Inhalt der MP3-Downloads zum Buch:

Produktion: www.homefamily.de, Wiesbaden

Notizen

Notizen